Wolfgang Wickler
Die Biologie der Zehn Gebote

Wolfgang Wickler

Die Biologie der Zehn Gebote

R. Piper & Co.

ISBN 3-492-01886-6
Titelnummer 1886
3. Auflage, 16.-20. Tausend 1972

Gesetzt aus der Linotype-Garamond
Gesamtherstellung: Graphische Werkstätten Kösel, Kempten
Printed in Germany

Inhalt

Einführung

Der Mensch ist dasjenige Geschöpf, das mehr will, als es kann, und mehr kann, als es soll. Das Können, eingespannt zwischen Wollen und Sollen, ist deshalb gewöhnlich Hauptgegenstand seines Wissensdurstes.

»Wissen ist Macht, und der Mensch hat große Macht über das ihn umgebende Universum erlangt, nicht aber über sich selbst und sein eigenes Verhalten. Das ist ein höchst gefährlicher Stand der Dinge«, hat Konrad Lorenz in seinem Vorwort zu meinem Buch über die Naturgesetze der Ehe[71] geschrieben, und er hat damit recht. Ich glaube aber nicht, daß der Stand der Dinge zwangsläufig weniger gefährlich wird, wenn der Mensch mehr Wissen über sich selbst und sein eigenes Verhalten erlangt. Die Gefahr liegt nämlich nicht nur im zuviel oder zu wenig Wissen, egal worüber, sondern in der Einstellung zu dem, was man weiß. Freilich ist mehr Wissen vorteilhafter als wenig Wissen, ausgewogenes Wissen und allgemeine Bildung günstiger als Einseitigkeit; entscheidend für den Menschen aber ist seine Einstellung, die Nutzanwendung dessen, was er weiß, die immer wiederholte Anstrengung, sich selbst und sein eigenes Verhalten zu beurteilen, zu bewerten. Deswegen geht es mir in diesem Buch nicht in erster

Linie um die biologischen Grundlagen menschlichen Verhaltens, sondern um die daraus abzuleitenden Grundlagen der Beurteilung menschlichen Verhaltens. Ethische Forderungen, die nicht von konkret biologischen Gegebenheiten ausgehen, sind unsinnig.
(Wer sich – in Anlehnung an die naiv-bildhafte biblische Schöpfungsgeschichte – den Menschen aus Leib und Seele, aus Körper und Verstand oder Geist »zusammengesetzt« denkt, soll bitte beachten, daß hier die Betätigung des Verstandes als ein für den Menschen typisches biologisches Merkmal angesehen wird.)
Leider fragen zu viele Menschen nach fertigen Antworten statt nach Rat, mit dessen Hilfe sie selbst zu einer Antwort kommen können. Das zeigt einen unbiologischen und gefährlichen Hang zur Bequemlichkeit. Unbiologisch, weil er den Menschen gerade vom typisch Menschlichen beurlaubt, nämlich von der kritischen Anwendung seines Verstandes; und gefährlich, weil auf eben diese Weise Wissen zu einer Macht wird, die andere (auch moralisch) versklavt. Es ist eine nicht menschengemäße Denkfaulheit, die Wissen mit Gewissen verwechselt und das eigene Gewissen durch fremdes Wissen ersetzen will. Für denjenigen, der ihr erliegt, wird ethisches Handeln schließlich rezeptpflichtig.
Wissen ist Macht, und die meisten Menschen streben nach Macht. Die Mächtigen aber sind nicht automatisch auch weise. Woher kämen sonst die vielen Klagen über den Mißbrauch von Macht und Gewalt [1]? Wissen kann man durch Fortbildungskurse erwerben, Klugheit oder Weisheit nicht. Zahllose Quiz-Veranstaltungen prämieren nicht Klugheit, so gern sie es vielleicht täten, son-

dern reines Wissen – nur so nämlich sind die Antworten der Kandidaten klar als richtig oder falsch zu erkennen. Typischerweise wacht auch hier ein Jurist über richtig und falsch, für den es unmöglich ist, einen Fall mit »Ich weiß es nicht« abzuschließen. Dem Naturwissenschaftler wird eine solche Antwort zugestanden. Naturwissenschaftler (auch Mediziner) brauchen Beobachtungen und rechnen mit ungeklärten Sachverhalten. Juristen und Moralisten setzen ein allgemeines Prinzip voraus und leiten ihre Antworten von daher ab. In Prozessen ebenso wie im Streit um ethische Normen stehen Naturwissenschaftler, Mediziner und Psychiater als Sachverständige den endgültig entscheidenden Rechtsverständigen und Ethikern gegenüber. Bekanntlich löst diese Gegenüberstellung das Problem meist nicht, sondern macht es nur deutlicher sichtbar. Ich will hier weder Normen aufstellen, noch als moderner Briefkastenonkel fixe und fertige Antworten verteilen. Antworten setzen Fragen voraus. Wer fragt, sucht; und nur wer immer weiter fragt, entgeht der Versuchung, Antworten für endgültiger zu nehmen, als sie sind.

Es gibt ein lustiges Gesellschaftsspiel, bei dem auf zweierlei Karten vorfabrizierte Fragen und Antworten stehen, die dann verdeckt paarweise gezogen und vorgelesen werden. Die Komik liegt in der starren Form der Antwort, die nie zur verlesenen Frage paßt. Man kann deshalb ruhig neue Fragen erfinden und das Spiel mit den alten Antworten weiterspielen. Weniger lustig wirken als vorbeugende Lebenshilfe verlesene, »ewig gültig« genannte Antworten, die zu allen nur möglichen späteren Gewissensfragen passen sollen, aber

durch ihre Gebotsform das Auftreten der Gewissensfragen eher verhindern. Deshalb möchte ich versuchen, auf die biologischen Konstellationen zu verweisen, aus denen solche Gebote erwachsen können, weil das manche (auch Gewissens-)Fragen geradezu erzwingt.
Wer eine Entscheidung zu fällen hat, wird die Sachfrage zuerst klären und die Formfrage, obwohl nicht unwichtig, zweitrangig behandeln. Das Formale aber können wir festlegen und uns daran halten. Das legt die Versuchung nahe, jeden benötigten Halt in der Form zu suchen und die Form, statt sie der Sache unterzuordnen, zur Form-Sache zu erheben. Wer dieser Versuchung nachgibt, wird typisch pharisäisch das überlieferte Wort tabuisieren und wie ein Protokollchef dafür sorgen, daß solch ein Tabu nicht zerbrochen wird. Gerade bei Gesetzen kommt es auf den Sinn an, nicht auf den Wortlaut. Wer sich durch Angriffe auf den Wortlaut verunsichert fühlt, hat nur eine Pseudo-Sicherheit zu verlieren. Da unsere Bequemlichkeit einer Erstarrung des Wortlauts (der Form) Vorschub leistet, ist eine ständige kritische Überprüfung dieser formalen Aspekte nötig, falls man der Sache stets gerecht werden will. Sittlich handelt, wer sich auch gegen die herrschende Norm durchsetzen kann, wenn er sie als inhuman erkennt – aber auch nur dann; nicht, wenn er allein um der Auflehnung willen die etablierte Form zerstört. Wesentlich ist das »ich« tue; die Gesellschaft untergräbt die Sittlichkeit, je mehr sie das »man« tut an dessen Stelle setzt.
Die formale Fassung eines Gesetzes zu überprüfen heißt nicht notwendig, sie zu ändern. Andererseits er-

setzt eine Änderung (nach dem Motto »Öfter mal was Neues«) nicht die Überprüfung. Prüfung und sinngemäße Auslegung von Gesetzen setzt ein Verstehen des Sinnes voraus. Verstehen aber heißt, sich etwas so aneignen, daß man es anders ausdrücken, in anderer Verkleidung wiedererkennen, auslegen und weiterführen kann (n. Beda Thum). Die hier angestellten Überlegungen sollen deshalb weder den falschen Stolz über zerbrochene Tabus noch – durch erhöhtes Angebot von Möglichkeiten auch zu Fehlentscheidungen – einen moralischen Katzenjammer nähren. Sie sollen Denkwege anbieten, die benutzen kann, wer nach Herkunft und Sinn sittlicher Normen des Menschen fragt. Die Zehn Gebote sind dafür ein naheliegender Modellfall, doch ist das Verfahren auf andere ethische und moralische Vorschriften ebenso anwendbar.

Derartige Vorschriften können geschrieben oder anderswie überliefert sein; auch im Erbgut verankerte, angeborene Verhaltensregeln kann man als Vorschriften auffassen. Immerhin gelten sie nur unter jeweils gleichartigen Lebewesen, also solchen, die sich auch miteinander fortpflanzen können (s. S. 95 und 101 f.). Wir neigen zwar dazu, die verschiedenartigsten Tiere als »das Tier« zusammengefaßt dem Menschen gegenüberzustellen. Aber dieses Tier schlechthin gibt es nicht und ebensowenig Verhaltensregeln dafür.

Teil 1

Verhaltensforschung und Moral — Ethologie und Ethik

Der Mensch hat schon immer sein Verhalten mit dem der Tiere verglichen. Manchmal dienen die Tiere als nachahmenswerte Vorbilder (»fleißige Biene«, »Seid klug wie die Schlangen«), dann wieder als abschrekkendes Beispiel (»gieriger Wolf«, »geiler Bock«) oder gar als Schimpfwort. Tiere, die sich als Haustiere ausnutzen lassen und für den Menschen arbeiten, hält der Mensch für dumm: Gans, Huhn, Pute, Esel, Schaf, Ziege, Rindvieh, Hund. Von den klugen Pavianen berichtete 1756 Immanuel Kant in seiner berühmten Vorlesung über ›Physische Geographie‹: »Die Amerikaner glauben alle, daß diese Affen reden könnten, wenn sie wollten, aber sie täten es nicht, um nicht zur Arbeit gezwungen zu werden.«

Vielerlei Redensarten und Sprichwörter schlagen noch deutlicher von der zutreffenden zufälligen Beobachtung die Brücke zum Vergleich mit dem menschlichen Verhalten und bergen die Frage nach dem richtigen Verhalten – dem richtigen Verhalten des Menschen wie der Tiere. So die »Sprichwoerter / Schoene / Weise / Herrliche Cluogreden / vnnd Hoffsprüch / Darinnen der alten vnnd nachkommen / aller Nationen vnnd Sprachen groeste vernunfft vnnd kluogheyt. Was auch zuo ewiger vnnd zeitlicher Weißheyt / Tugent / Zucht / Kunst / Haußhaltung vnnd wesen dienet / gespürt vnnd begriffen würt. Zusamen tragen in ettlich Tausent / Inn lustig hoeflich Teutsch bekürtzt / beschriben vnnd außgeleget / Durch Sebastian Francken. Getruckt zuo Franckenfurt am Meyn / Bey Christian Egenolffen Anno 1541«. Zum Beispiel:

»Katz laßt jrs mausens nit«

»Wie die alten sungen, so zwitzeren die jungen«

»Hund die vil bellen beissen selten«.

Zwar werden die Meinungen darüber, was »richtiges« Verhalten sei, möglicherweise auseinandergehen; man kann darunter aber ganz allgemein das auf den Fortbestand der Art gerichtete Verhalten verstehen.

Nun wäre es an sich merkwürdig, sollte gerade der Mensch die Richtlinien für sein Handeln dem Tierreich entnehmen müssen. Und die Vielfalt und Unvereinbarkeit der möglichen Vorbilder macht ihm das vollends unmöglich. Tatsächlich handelt es sich bei den moralisierenden Vergleichen regelmäßig um poetische Ausschmückungen von Forderungen, für die der Mensch andere Quellen angibt. »Was dem Menschen Kunst, Weisheit und Verstand bedeuten, ersetzt manchen Tieren eine Naturanlage ähnlicher Art«, sagt Aristoteles. Die Gegenüberstellung: Instinkt beim Tier – Verstand beim Menschen ist bis heute ebenso gang und gäbe wie das Bezugspaar Trieb – Moral. Man sagt: das Tier *muß*, der Mensch *kann* richtig handeln.

Neben dieser mehr philosophischen Unterscheidung, die auf eine Sonderstellung des Menschen abzielt, stammt aber aus Beobachtung und Erfahrung auch die Frage nach den Ursachen des richtigen Handelns und die ebenso ehrwürdig alte, aber trotzdem bis heute vielen peinliche Frage, ob vielleicht das richtige Handeln der Tiere wie des Menschen doch übereinstimmende Ursachen habe.

»Warum flieht die Henne nicht vor einem Pfaue oder vor einer Gans, da sie doch vor dem Habichte flieht, der noch kleiner ist und den sie noch nicht einmal kennet? Es ist klar, daß sie eine Erkenntnis von dem Schädlichen hat, welches sie nicht aus der Erfahrung gelernet: denn sie hüten sich schon davor, ehe sie die Erfahrung bekommen können«, schreibt Seneca in einem seiner Briefe. Und 1760 lesen wir beim Hamburger Pfarrherrn Hermann Samuel Reimarus folgende Passagen über die Instinkte, die er »Kunsttriebe« nennt: »Das Problema, oder die Hauptfrage bey den Kunsttrieben der Thiere ist: Wie es möglich sey, daß Thiere, ohne Erfahrung und Vernunft, ohne Unterricht, Beyspiele und Uebung, in jeder Art zum Theile schon von Geburt an ganz regelmäßige und einförmige Kunstfertigkeiten ausüben, welche die allergeschicktesten Mittel zu ihrer und ihres Geschlechtes Erhaltung und Wohlfahrt ins Werk setzen?« – »Ein jedes erfordert sein gewisses Element, Gegend und Ort des Aufenthaltes, seine eigentümliche Weise, ein Nest, Wohnung oder Bau zu machen, seine besondere Art der Bewegung, seine bestimmte Art, die Speise zu erhalten, zu bereiten, zu bewahren, sich zu paaren und die Jungen aufzubringen, seine Feinde abzuhalten.« – »Wer lehret die jungen Enten, welche von einer Henne ausgebrütet sind, auch gegen die ängstliche Warnungsstimme ihrer Glukken, getrost ins Wasser zu gehen, und sich auf eine ganz andere Art bewegen und nach allen Seiten rudern? Wenn die Thiere in einem fremden Elemente, im dürren heißen Sande, von der Sonne ausgebrütet sind, als die Wasserschildkröten und Crocodile, woher eilen sie von dem Orte weg, der ihnen das Leben gegeben hat? Wie kommen sie an Nahrung? Wer lehret sie ihre Feinde erkennen? Wer, ihre natürlichen Waffen, Hörner, Zähne, Rüssel, Schnäbel, Klauen, Hufe, Stacheln, Panzer usw. einzeln, zur Verteidigung, oder, in Gesellschaft mit anderen, vereinte Kräfte vortheilhaft gebrauchen? wer, sich zu einem ungestörten Winterschlafe begraben, oder in einer Höhle vermauern? Das ist ja alles mit bloßer Selbstliebe, mit bloßem eifrigen Willen, sich selbst zu erhalten nicht ausgerichtet.« – »Ob man nun die Begattung gleich für einen bloßen Affect der Brunst ansehen könnte: so ist doch dabei merkwürdig, daß sich kein Thier außer seiner Art paaret; und daher ist auch zu bewundern, daß ein jeglich Männchen kennet, was ein Weibchen, und was seiner Art ist. Und wer sagt es dem Weiblein, das den Rufenden annoch weder sehen noch riechen kann, daß es ein Ruf eines Männleins ihrer Art sey? Wer weist ihnen die Stellung ihres Körpers, welche zu ihrer Begattung die schicklichste ist, und oft ganz außerordentlich seyn muß?« – »Die Frage ist, wie es doch möglich sey oder zugehe, daß die Thiere mit solcher meisterlichen Kunstfertigkeit zu ihrem und ihres Geschlechtes wahren besten handeln können? Würde einer diese Frage beantworten, wenn er spräche: das lehret sie die Natur, das brächte ihr Naturtrieb so mit sich? Nein; das hieße eben dasjenige, was in der Frage als Wirkung angesehen wird, mit anderen Worten zur wirkenden Ursache machen wollen, und also mit bloßen Worten spielen.«

Reimarus ist der große Vorläufer der modernen Verhaltensforschung; deswegen habe ich so viele seiner Fragen zitiert, die oft auch heute noch unbeantwortet sind. Er sah, auf welchen Gebieten man forschen mußte: »Es ist ein anderes, an dem sinnlichen Reize erkennen, daß etwas gut sey, und also darnach Verlangen tragen; ein anderes, die Mittel und die Art wissen, wie man dazu gelangen könne, und selbige mit Fertigkeit ins Werk setzen.«

Reimarus war aber auch Theologe und Philosoph und mit philosophischem Argumentieren vertraut. Und in den um die Bestimmung des Menschen kreisenden biologisch-theologischen oder philosophisch-naturwissenschaftlichen Grenzgesprächen kommt es nicht so sehr auf den gegenwärtigen Stand des Tatsachenwissens an als auf den Vergleich der Erkenntnis-Methoden; nicht in erster Linie darauf, was Reimarus über die Krokodile oder die Singvögel wußte und was wir heute darüber wissen, sondern wie sich die unterschiedlichen Argumentierweisen aus verschiedenen Wissenschaften miteinander verbinden lassen und welche Vorurteile zu korrigieren sind.

Die Erfahrung lehrt den unbefangenen Verhaltensbeobachter nämlich eine andere Unterscheidung als die philosophische zwischen Mensch und Tier. In dem schon erwähnten Seneca-Brief steht: »Was die Übung lehret, das entsteht langsam, und auf mancherlei Art: was

aber die Natur selbst gelehret, das ist bei allen gleich und allsobald da.« Und Reimarus schließt daran an: »Von solchen angeborenen Fertigkeiten haben wir Menschen selbst wenigere, jedoch einige, welche die Nothdurft unserer Lebensart erfordert, an uns: und unsere Unachtsamkeit ist bloß Schuld daran, wenn wir sie nicht bemerken.« – »Die Epicurer sagten richtig, die Kinder weinen anfangs nicht, um Mitleid zu erregen; sondern sie erregen Mitleiden, weil wir aus eigener Erfahrung wissen, daß das Gefühl der Schmerzen von solchen Tönen begleitet zu werden pflegt.« – »Es folget nicht, wenn Erwachsene durch eine erlernte Fähigkeit, mit ihren Mienen die Absicht verknüpfen, andern ihre Leidenschaft zu erkennen zu geben, daß auch die Kinder in ihrer angeborenen Fertigkeit mit ihren Mienen eben solche Absicht verbinden. Man kann mit der Hervorbringung solcher Gebärden die Absicht verbinden, andern unsere Leidenschaft zu erkennen zu geben, und wenn man diese Übung wiederholet, so kann man es darinnen zur Fertigkeit bringen. Man hat also das Angeborne von dem Erlernten wohl zu unterscheiden.« Und das offensichtlich beim Tier wie beim Menschen. »Die Kunsttriebe der Thiere sind von der Natur nicht so gänzlich und in allen Stücken determiniert, daß ihnen nicht eins und anderes, durch ihr eigenes Erkenntnißvermögen, nach den Umständen, verschiedentlich zu bestimmen übrig bliebe.« – »Auf diese Weise scheinen die Raubthiere ... listig zu werden, wie sie ihre empfundenen Kräfte und Waffen zur Erhaschung der gesehenen Beute am besten anbringen können.«
Ungelerntes, angeborenes Verhalten zählt Reimarus

vom Säugling auf, der sich ja im Verhalten zunächst nicht vom Säugling höherer Säugetiere unterscheidet und doch als Mensch gilt. Eine Eigenschaft des Instinktes nennt er die »Determination, vermöge welcher die Seele bey gewissen Reizungen der Sinne geneigt und bemühet ist, gewisse Gliedmaßen auf eine bestimmte Weise bewegen zu wollen. Und dieses ist es, was ich von den willkürlichen Handlungen der Kinder, ihrem Weinen und ihrem Saugen behaupte.«

Aber schon 200 Jahre vor Reimarus betont Sebastian Franck Sprichwörter wie: »Was angeborn ist unverlorn« (= unverlierbar!). – »Natur vberwindt gwonheyt.« Wie seine Gegenüberstellung mit tierischen Beispielen (»Katz laßt jrs mausens nit«) zeigt, spielt er damit auch beim Menschen nicht etwa auf Angewohnheiten, sondern auf natürliche Bedürfnisse an, die sich nicht unterdrücken lassen: »Schlegstu gleich das kind auff die Hand / es soll nit sich muotwillig geylen / so scheubt es ein klein weil die handt in buosen / biß der schmertz vergeht / vnnd der zuchtmeyster weg geht / so bald ist die natur in jren alten trappen / vnnd verbirgt sich die natur vnnd iugent nit / wann mans in ein sack schuebe.« (Schlägst du auch das Kind auf die Hand, es solle sich nicht selbst befriedigen, so schiebt es zwar die Hand an den Busen, bis der Schmerz vergeht. Aber sobald der Zuchtmeister weggeht, ist die Natur wieder in ihrer alten Bahn. Denn Natur und Jugend lassen sich keinen Zwang antun, ob man sie auch in einen Sack steckte[41]).

An dieser uralten Wurzel der Humanethologie steht bereits die Frage nach der Verantwortlichkeit. »Naturam expellas furca, tamen usque recurrit«, hieß es im Lateinischen: Auch wenn man die Natur mit dem Schandhalsblock davonjagt, kommt sie wieder zurück; Natur geht Erlerntem vor. In welchem Falle hat es dann Sinn, zu strafen? Was ist schuldhaftes Tun? Was kann man vom Menschen fordern?

Reimarus geht noch weiter und spricht vom »thierischen Zustand des Menschen, ohne und vor dem Gebrauch der Vernunft, nicht allein bey denen Menschen, welche unter den Thieren aufgewachsen sind, sondern auch bey Kindern, ehe sie reflectieren, ja bey Erwachsenen, so oft sie nicht nach Begriffen und Überlegung, sondern nach bloßen Empfindungen handeln«. Und schließlich meint er: »Wenn nicht wenigstens einige natürliche blinde Determination der Seelenkräfte, und selbst der Neigungen des Willens, allen unsern eigenmächtigen Bestimmungen den Weg wiese: so würden wir zu keiner einzigen Vollkommenheit gelangen können.«

Reimarus versucht also, das menschliche Handeln zu großen Teilen, einschließlich der »Neigungen des Willens«, auf »natürliche blinde Determination«, also auf in der Evolution entstandene biologische Normen zurückzuführen. Er wollte als Freidenker übrigens auch die Religionen auf die natürliche Vernunft gegründet wissen und erzwang den Durchbruch durch die dogmatische zur historischen Behandlung der Geschichte des Christentums. Aus seinem Werk ›Apologie oder Schutzschrift für die vernünftigen Verehrer Gottes‹ veröffentlichte Lessing Bruchstücke als ›Wolfenbütteler Fragmente‹, die dann die Forschung des Lebens Jesu förderten. Die Frage, woher der Mensch die Normen für sein Handeln hat, ist demnach schon vor 200 Jahren unter dem Aspekt der Verhaltensforschung von einem Theologen aufgeworfen worden.

Seither hat sich die Verhaltensforschung – zunächst kaum merklich, in jüngster Zeit aber stürmisch – weiterentwickelt. Sie fußt auf immer genaueren Studien über das Leben vieler Tiere, angestellt von Zoologen, die solche Kenntnisse brauchten, um das Tierreich nach möglichst zahlreichen Ähnlichkeits-Kriterien zu ordnen. Das Stadium, in dem die Beobachtungen über tierisches Verhalten anekdotisch zusammengetragen wurden, überwand vor rund 40 Jahren Konrad Lorenz, indem er die Erforschung des Verhaltens systematisch und mit allen verfügbaren naturwissenschaftlichen Methoden anzugehen forderte.

Lorenz ist Mediziner, Psychologe und Zoologe und stellte die von ihm begründete moderne Verhaltensforschung von Anfang an in den Dienst der Erforschung des Menschen. Das tut natürlich heute nicht jeder der zahlreichen Verhaltensforscher; es ist aber ein Charakteristikum der Forschungsrichtung geblieben.

Auch der Mediziner sieht, daß Menschen sich oft anders verhalten, als man von ihnen erwartet, anders als es für sie und ihre Mitmenschen gut ist; und er fragt, ob es dafür faßbare Ursachen gibt und ob man diese Erscheinung etwa wie eine Krankheit analysieren und behandeln kann. Da zur Analyse Experimente nötig sind und da man am Menschen nicht experimentieren darf, ist der Tierversuch ein wesentlicher Bestandteil medizinischer Forschung. Krankheitserreger, Medikamente und Behandlungstechniken werden regelmäßig erst an Versuchstieren ausprobiert, und kein Patient fürchtet, zum Tier degradiert zu sein, wenn eine so vorgetestete Methode ihm schließlich hilft. Ebensowenig braucht jemand um sein Menschsein zu fürchten, wenn Verhaltensforscher aus ihren Forschungen an Tieren Aussagen über biologische Gesetzmäßigkeiten im menschlichen Verhalten gewinnen. Solche Gesetzmäßigkeiten dürfen sich auch auf ethisch relevantes Verhalten erstrecken, unbeschadet etwa der menschlichen Willensfreiheit. Denn diese Freiheit ist keine naturwissenschaftliche Dimension, kann sich also gar nicht in naturwissenschaftlichen Dimensionen zeigen.

Dennoch überkommt viele ein Unbehagen, wenn sich Naturwissenschaftler mit ihren erfolgversprechenden Methoden nicht nur mit der Funktion der Nieren oder Hormondrüsen beschäftigen, sondern auch mit den mehr persönlich-privaten Bereichen; wenn sie versprechen, daß sie demnächst herausbekommen, warum man sich in einer gegebenen Situation so und nicht anders verhält, wie die Verhaltensmaschinerie im akuten Fall funktioniert, wie sie sich im Laufe der Stammesgeschichte und der Lebensgeschichte des einzelnen entwickelt hat und was sie unter gegebenen Umständen leisten kann. Das Unbehagen rührt zunächst daher, daß Einsichten in Funktionsgefüge gezielte Eingriffe möglich machen. »Manipulation« ist ein Schreckwort geworden. Es brauchte aber nicht mehr Schreck zu verursachen als das Wort »Medikament«. Denn selbstverständlich befähigt die genaue Kenntnis der Funktionszusammenhänge unseres Körpers den Mediziner nicht nur, einen Kranken gesund, sondern auch, einen Gesunden krank oder einen Kranken noch kränker zu machen. Die Kenntnis der Methoden ist wertneutral, auch wenn es Methoden sein sollten, die das Verhalten der Menschen zu beeinflussen gestatten. Wenn man allerdings nicht weiß, in welche Richtung man beeinflussen soll, wenn man nicht weiß, wie das »richtige« menschliche Verhalten aussehen müßte, dann stimmen uns nicht die zunehmenden biologischen, sondern die zu geringen ethischen Einsichten unbehaglich. Und man wird erwarten, daß der Biologe vor diesem Problem kapituliert. Warum er es nicht tut, daß er sehr wohl auch ethische Einsichten vermitteln kann, will ich in den folgenden Kapiteln begründen und an Beispielen aufzeigen. Dabei sollte auch klar werden, welche Methoden anzuwenden sind und wie der Biologe dem Vorwurf entgeht, die Grenzen seines Arbeitsbereiches überschritten zu haben.

Interessanterweise wird ihm eine solche angebliche Grenzüberschreitung von theologischer Seite oft sogar zugemutet, nämlich von denjenigen Theologen, die mit Albert dem Großen in der geschaffenen Welt die Realisierung göttlicher Ideen sehen. Sie sagen: Indem der Schöpfer die vernunftlosen Geschöpfe durch Naturzwang oder Naturgesetz auf ihr Ziel hinordnet, offenbart er in der Natur sich dem forschenden Geist. Deshalb steht neben der uns in den Schriften und Überlieferungen zugänglichen übernatürlichen Offenbarung die »natürliche Offenbarung«, die nun aber nicht einfach ein Duplikat des uns übernatürlich Offenbarten darstellt, sondern viele Einzelheiten und Ergänzungen enthält, für die wir keine andere Quelle haben. Demnach kann man die geschaffenen Dinge dieser Welt als Wegweiser Gottes für unser bewußtes Handeln gemäß seinem Willen auffassen. Auf diese Weise beeinflussen die Erkenntnisse der Medizin und Biologie und der Verhaltensforschung die ethischen Einsichten der Philosophie und Theologie.

Die Nachbarschaft der Ethik zur Verhaltensforschung kann man auch aus den Benennungen beider Wissensgebiete ablesen. Die moderne Verhaltensforschung, die in Verhaltensmorphologie, Verhaltensphysiologie, Verhaltensgenetik usw. unterteilt wird, heißt insgesamt auch »Ethologie«. Und dieses Wort geht ebenso wie »Ethik« auf die griechische Wurzel »ethos« bzw. »Ethos« zurück. Aus »ethos« stammt der Bedeutungskreis »Gewohnheit, Sitte«, oder schließlich »Lehre von den Lebensgewohnheiten«, wie die offizielle Deutung des Begriffes Ethologie im Sprachgebrauch der Französischen Akademie der Wissenschaften aus dem Jahre 1762 lautet. In diesem Bereich geht es um die Beschreibung von Fakten, die der Mensch vorfindet, auch solcher, die er bei sich selbst vorfindet: 1906 hieß Ethologie in einem führenden Werk der Humansoziologie soviel wie »Brauchtumswissenschaft«.

Daneben entstand aus »ethos« eine kurzlebige, inzwischen überholte Bezeichnung »ethology« im angelsächsischen Sprachbereich für die »Wissenschaft vom Charakter« und außerdem unser Wort »Ethik«, das sich zwar auch auf Verhalten, Gewohnheit oder Sitte bezieht, aber die Handlungen nicht beschreibt, sondern bewertet. In der Ethik geht es nicht darum, eine möglichst komplette Liste von detaillierten Handlungsvorschriften für den Menschen aufzustellen, ihm also die eigene Entscheidung nach Möglichkeit abzunehmen, sondern gerade umgekehrt, ihm möglichst viel Entscheidungsfreiheit zu überlassen. Deshalb kommt es darauf an, dem Menschen soviel Sachwissen zu vermitteln, wie er zur richtigen Entscheidung braucht, um seine Freiheit nutzen zu können.

Der Mensch kann die Natur und sich selbst beherrschen. Aber er kann deswegen nicht etwa selbstherrlich, willkürlich oder beliebig handeln. Denn es ist ja nicht mehr von uns beliebig festzusetzen, sondern bereits weitgehend in der Struktur der vorgefundenen Schöpfung vorgezeichnet, welche Auswirkungen eine unserer Handlungen haben wird. Nicht jede gutgemeinte Handlung gelingt auch gut, und Unwissenheit oder Dummheit sind kein geeignetes Maß für die Freiheit oder Sonderstellung des Menschen. Man kann darüber spekulieren, ob der Mensch, falls er die Schöpfung ins Dasein zu rufen hätte – also der Schöpfer wäre –, sowohl die Gesetzmäßigkeiten ihrer Struktur wie ihre Ziele oder »Sollwerte« einschließlich der ethischen Sollwerte frei setzen könnte. Sicher ist, daß er die vorhandene Struktur kennen muß, wenn er einzelne Sollwerte manipulieren will. Daß er überhaupt solche Eingriffe vornehmen kann, ohne dabei notwendig die ganze Schöpfung zu ruinieren, ist eine Arbeitshypothese; Erfahrungstatsache ist, daß man Störungen der Schöpfung einengen und ihre Zerstörung zumindest stark verlangsamen kann, wenn man Einsichten in das natürliche Wirkungsgefüge der Schöpfung gewinnt und diese Einsichten beim Manipulieren berücksichtigt. Daraus folgt, daß, solange jede Einsicht in das Wirkungsgefüge der Schöpfung fehlt, die sittlichen Forderungen mit den natürlichen Gesetzmäßigkeiten identisch sein müssen. Und das ist nur eine andere Ausdrucksweise für die vorher zitierte Ansicht der Theologen, daß die vernunftlosen, zur Einsicht unfähigen Geschöpfe naturgesetzlich das vom Schöpfer gesteckte Ziel erreichen. Je mehr Einsicht ein Lebewesen hat, desto mehr darf es sich in seinen ethischen Forderungen von den in der Natur vorgezeichneten Gesetzen lösen. Da alle Probleme der Menschen, die zu regulierenden Eingriffen herausfordern, sozialer Art sind, brauchten wir dringend Einsichten in die natürlichen Gesetzmäßigkeiten des sozialen Lebens. Natürliche Gesetzmäßigkeiten aber gibt es mit abgestufter Gültigkeit; es gibt allgemeine und spezielle Gesetzmäßigkeiten. Unsere wissenschaftliche Erkenntnis führt gewöhnlich vom Besonderen zum Allgemeinen, so daß, wie Otto Koehler es einmal formulierte, die Wahrheit von heute der Spezialfall von morgen wird.

Wer allgemeine Gesetze sucht, darf also nie stehenbleiben und sich mit dem bereits Bekannten begnügen. Wer die Gesetzmäßigkeiten sozialen Lebens erforschen will, wird mit Spezialfällen beginnen, aber dann beharrlich weitersuchen müssen. Jedes Fazit ist notwendigerweise vorläufig; das gilt auch für die Folgerungen, die hier gezogen werden sollen. Obwohl ich Beispiele werde bringen müssen, um das Gesagte zu illustrieren, kommt es doch nicht so sehr auf diese einzelnen Beispiele an, als vielmehr auf die sich damit eröffnenden Denkrichtungen und deren Einordnung in unser Gesamtdenken. Bescheidenheit wird uns schon deshalb aufgenötigt, weil wir mit der Erforschung der sozialen Lebewesen gerade erst begonnen haben, noch dazu mit solchen, die dem Menschen biologisch nahestehen, also zu den Wirbeltieren gehören. Von den bekannten Tierarten – es sind über eine Million – gehören aber nur sechs Prozent zu den Wirbeltieren. Da man nicht gut behaupten kann, daß die übrigen 94 Prozent nichts über die Natur oder den Schöpfungsplan aussagen, wird man auch diese uns fernerstehenden Geschöpfe erforschen müssen, selbst wenn man sich nur für diejenigen Naturgesetze interessiert, denen der Mensch unterworfen ist. Aus alledem ergibt sich eine wichtige Grundforderung für das Aufstellen verbindlicher Normen des sittlichen Handelns:

Wer sittliche Normen verkündet, muß sich darum bemühen, diejenigen Naturgesetzmäßigkeiten zu erkennen, denen der Mensch unterworfen ist, die er nicht umgehen, wohl aber ausnutzen kann, wenn er nach der Erfüllung dieser Normen strebt. Die dem Handeln zugrundeliegenden Naturgesetze, die mit den Methoden des Naturforschers erkannt werden, liefern aber nicht nur die praktische Möglichkeit, die Schöpfung zu beherrschen, einschließlich der Natur des Menschen, soweit sie diesen Gesetzen folgt; sie sind nicht nur geeignet, dem Menschen das Handeln gemäß diesen Normen zu erleichtern, sondern sie liefern darüber hinaus auch Richtlinien für die Aufstellung der Normen, nach denen gehandelt werden soll, zum mindesten einschränkende Richtlinien.

Ich werde zu zeigen versuchen, warum speziell der Verhaltensforschung, wenn nicht Normenfindung, so doch Normenkritik zusteht. Wir wollen als Fernziel anvisieren, ethische Normen an den Naturgesetzen zu überprüfen, vielleicht sogar auf Naturgesetze zurückzuführen. Damit soll nicht behauptet werden, man dürfe vom Menschen aus nichts fordern, was über die erkannten Naturgesetze hinausgeht; schon das Hauptgebot der Nächstenliebe (s. S. 212) scheint mir weit darüber hinauszugehen. Aber jede Begründung für ein solches »höheres Ziel« muß auch auf der Ebene natürlicher Gesetzmäßigkeiten Argumente liefern, die erkennen lassen, warum man anstreben darf, den Bereich dieser Gesetzmäßigkeiten zu verlassen. Fehlen solche Argumente, so kann die ethische Weisung zwar dennoch richtig sein, darf aber streng genommen nicht befolgt werden. Warum das so ist, werde ich bei der Besprechung des Autoritätenproblems zu erklären versuchen. Ich werde außerdem erklären müssen, welcher Art die immer wieder erwähnten natürlichen Gesetzmäßigkeiten im Verhalten sind und warum es legitim ist, den Menschen in diese Betrachtung einzubeziehen. Vorerst scheint mir wichtig festzuhalten, daß ethische Bewertung des Verhaltens eine genaue Kenntnis und Analyse dieses Verhaltens nicht *er*setzt, sondern *voraus*setzt.

Die ethologische Arbeitsweise

Die schon von Aristoteles, Seneca, Reimarus und anderen gestellte Frage, wieso eigentlich die Tiere »richtig« handeln, ist heute Ausgangspunkt vieler Untersuchungen der Verhaltensforschung. Wenn das Verhalten auf die Situation paßt, so kann das Zufall oder Mysterium sein; ersteres ist wegen der Häufigkeit auszuschließen, letzteres kann der Naturwissenschaftler nur als Ausrede, nicht aber als Erklärung gelten lassen. Denn auf das Mysterium könnte er sich jederzeit berufen, also auch gerade jetzt, und zu forschen aufhören. Er läßt also das Mysterium (ohne es zu bemühen oder zu leugnen) beiseite und stellt die Arbeitshypothese auf, die Passungen zwischen der Umwelt und dem Organismus und speziell seinem Verhalten beruhten auf Anpassungsvorgängen auf seiten der Organismen. Die Frage nach dem Anpassungswert des Verhaltens steht ganz ausgesprochen am Beginn der modernen europäischen Verhaltensforschung, und erst kürzlich hat Konrad Lorenz diesem Gesichtspunkt eine ausführliche Studie gewidmet [37].

Allerdings darf man nicht annehmen, alles was paßt, paßte wegen eines eigens auf diese spezielle Passung gerichteten Anpassungsvorganges. Auch in der Forschung wird zu oft übersehen, daß ein Anpassungsvorgang andere Passungen als Nebeneffekte nach sich zieht. Das führt oft zu Scheinproblemen. Ein altes Rätsel gab z. B. die Beobachtung auf, daß vielfüßige niedere Tiere (Insekten, Krebse, Spinnen) ihre Gangart ändern, wenn sie eins oder mehrere ihrer Beine verlieren, so daß sie mit den jeweils verbliebenen wieder geschickt koordiniert laufen. Das sah so aus, als hätten diese Tiere für alle denkbaren Fälle besondere Laufprogramme bereit. Woher aber sollten sie die haben? Es ist völlig unbiologisch anzunehmen, jede Kombination ausgerissener Beine käme so häufig vor, daß es sich für die Tiere lohnen würde, außer der normalen Laufkoordination auch alle Reserve-Koordinationen zu entwickeln und vorrätig zu haben. Analysiert man nun gründlich den Mechanismus der normalen Laufbewegung, so stellt sich heraus, daß er aus einzelnen, einander gesetzmäßig beeinflussenden Schwingkreisen besteht, die ganz automatisch auch die bei Ausfall einiger Beine beobachteten Restbein-Koordinationen bewerkstelligen[67]. Was wie eine raffinierte Spezialanpassung aussieht, ist also ein Begleiteffekt der ursprünglichen Anpassung. Wir müssen damit rechnen, daß auch auf höherem Niveau der Verhaltensphysiologie solche Anpassungen als Nebenprodukte entstehen können. Ich habe das an anderer Stelle (an Beispielen über das Entstehen von Verständigung zwischen Tieren, den Einfluß des Verhaltens auf den Körperbau und die Ritualisierung) ausführlicher behandelt[73].

So regelmäßig die Frage nach dem »Passen« des Verhaltens aufgeworfen wird, so regelmäßig unterbleibt leider die Präzisierung der Frage auf eine der drei möglichen Paß-Stellen, die sich ergeben, wenn man von der ganz naiven Feststellung ausgeht, daß das Lebewesen je nach Situation verschieden, aber den Erfordernissen der jeweiligen Situation angemessen handelt. Es muß dazu nämlich dreierlei können: 1. die Situation (den Partner, Feind, das zu behandelnde Objekt usw.) an bestimmten Merkmalen erkennen, also die ihm wichtigen Merkmale vom unwichtigen Hintergrund trennen; 2. die zum auszuführenden Verhalten nötigen Muskeln, Organe, Orientierungsbewegungen und höheren Teilhandlungen koordinieren; 3. aus dem Repertoire möglicher Verhaltensweisen ein bestimmtes Verhalten der erkannten Situation zuordnen, also die sinnlosen Handlungen unterlassen. Ganz einfach gesagt: Wenn ein Frosch eine Fliege fangen soll, muß er dreierlei »wissen«: 1. wie eine Fliege aussieht (er muß sie von anderen Objekten unterscheiden), 2. wie Beine, Zunge, Maul usw. zum Fangsprung zusammenzuarbeiten haben, 3. daß er die Fliege überhaupt fangen und nicht etwa anquaken oder androhen soll. Wenn das nicht getrennt und nur gefragt wird, ob die Aggression, das Nestbauen des Buchfinken oder der Beutefang des Frosches angeboren oder erlernt sei, kann man die Frage berechtigtermaßen als nicht beantwortbar zurückweisen. Denn es kann sehr wohl sein, daß die zur Passung nötigen Informationen für zwei der drei möglichen Stellen durch Erfahrung oder Tradition vom Individuum erworben werden und die Passung nur an der dritten Stelle erblich (früher hätte man gesagt »instinktiv«) vorfixiert ist. Je mehr Laien an den Ergebnissen der Verhaltensforschung interessiert sind, desto sorgfältiger muß man nicht nur die Arbeitsmethoden angeben, sondern auch auf die durch zu eilfertige Verallgemeinerungen besonders gefährdeten Bereiche hinweisen.

Die Verhaltensforschung versucht, die Funktionsweise, das Funktionieren eines »lebenden Systems« – sei es ein Einzeller oder eine ganze Sozietät – zu verstehen. Deshalb gerät dieser Wissenschaftszweig zwangsläufig in immer engere Verbindung mit allen den Disziplinen, die sich um die Aufhellung der Struktur, der Funktion und der Historie von Teilen aus lebenden Systemen bemühen, seien es Sinnesorgane, Muskeln, Hormone, Nerven, Gene usw. Da diese Bauteile unter natürlichen Bedingungen nie einzeln, sondern nur zusammenhängend als Lebewesen vorkommen, untersucht die Verhaltensforschung gerade jene Einheiten, die tatsächlich der Selektion und Evolution unterliegen, entspricht also heute unter den vielerlei Spezialdisziplinen am ehesten dem, was man Zoologie nennt. Dabei muß sie nicht nur den Tierkörper als selbständigen Organismus berücksichtigen, sondern auch die Umwelt, den normalen Lebensraum, in den er eingeordnet ist, und seine eigene Vorgeschichte. Ich zitiere noch einmal den Pfarrherrn Reimarus: »Hiernächst scheinen mir auch die Geschichte einzelner Thiere, zumal zahmer oder gefangener, vielen Zweifeln unterworfen zu seyn. Denn man kann von besonderen Begebenheiten die genauen Umstände nicht wissen, und man würde also, aus Mangel derselben, die Begebenheit falsch beurtheilen. Wenn aber auch die Tiere nicht in ihrer natürlichen Freyheit sind, so kann man die natürlichen Triebe aus ihren Handlungen nicht schließen, weil sie in der außernatürlichen Lebensart theils erlöschen, theils abgeändert werden ... Denn, wenn gezähmter oder gezwungener Thiere Handlungen nicht aus einem reinen Naturtriebe fließen, die wilden und freyen Thiere aber sich, bey ihrem Thun, dem Auge eines Beobachters entziehen: so kostet es weit mehr Kunst und Behutsamkeit, die Thiere in ihren natürlichen verborgenen Kunstverrichtungen zu belauschen. Daher habe ich mir die Regel gemacht, keinem, auch der neueren Naturforscher zu trauen, als der mir die Art und Weise, wie er zu der Beobachtung gelanget sey, anzeiget« – eine noch immer sehr aktuelle Mahnung!

Wie also gelangt der Verhaltensforscher zu seiner Beobachtung, und wie zieht er aus dem Beobachteten seine Schlüsse?

Sammeln

Im Idealfall beobachtet er möglichst verschiedenartige Tiere, mit denen er seit möglichst langer Zeit vertraut ist, in der üblichen Gefangenschaftshaltung, um zunächst so nah wie möglich ihre Verhaltensfeinheiten verfolgen zu können. Das geht mit kleinen Tieren leicht, mit größeren schwerer, weil sie zu normaler Betätigung oft mehr Platz brauchen, als in Käfigen oder Gehegen zur Verfügung steht. Große Arten kann man mitunter halbzahm frei halten, oder man muß sie in ihrer natürlichen Umgebung lassen und dort beobachten, was als Ergänzung zu Gefangenschaftsbeobachtungen immer notwendig ist. Die Freilandverhältnisse sind aber nicht immer sehr bequem und die Tiere vor dem Menschen meist recht scheu; ferner muß man, um die Sozialstruktur zu erforschen, möglichst viele Tiere individuell kennen und über weite Strecken ihres Lebens beobachten.

Ansätze, das zu erreichen, gab es immer wieder. 1836 hat Frédéric Cuvier in Paris einen Lehrstuhl für Tierpsychologie (Psychologie des animaux) gefordert, hatte aber keinen Erfolg, weil Isidore G. Saint-Hilaire einen Lehrstuhl für allgemeine Zoologie befürwortete. Hundert Jahre später wurde die Frage wieder akut, weil man die Tiere im Zoo von Vincennes wissenschaftlich bearbeiten wollte[65]. Tatsächlich erhielt Paris 1933 einen Lehrstuhl für Ethologie der Wildtiere (Chair d'éthologie des animaux sauvages), doch ging es wieder um Wildtiere in Gefangenschaft. Erst in den letzten Jahren haben die notwendigen Feldforschungen an wilden Tieren begonnen. Die Umständlichkeit der Feldforschungen und der unumgängliche Zeitaufwand bei der Sozialforschung (eine Graugans wird 60 Jahre alt) sind die Ursachen dafür, daß wir über die meisten Tiere noch immer erschreckend wenig wissen. So spannend die bisherigen Ergebnisse auch sind, ihre Lückenhaftigkeit mahnt zu besonderer Vorsicht bei weitergehenden Folgerungen.

Messen

Ein anderer wichtiger Bereich der Verhaltensforschung ist die möglichst exakte Analyse dessen, was man einen Trieb nennt. Der Verhaltensforscher muß fordern, daß sich ein Trieb direkt oder indirekt messen läßt, wenn er physiologisch untersuchbar sein soll. Als Trieb gilt in der Verhaltensphysiologie zunächst das, was einer Handlungs-Abfolge physiologisch zugrunde liegt. Mitunter sagt man statt Trieb auch Stimmung oder Motivation; die Analyse des Triebgefüges heißt deshalb Motivationsanalyse. Meßbar wird das hypothetische Konstrukt »Trieb« als Bereitschaft des Organismus zu etwas Bestimmtem: Man kann einem hungrigen Tier einen Gürtel mit einer Zugfeder umlegen und dann direkt die Kraft messen, die es aufwendet, um an außer Reichweite gebotenes Futter zu kommen. Man kann ihm auch verschieden stark elektrisch geladene Drähte über den Weg zum Futter spannen und prüfen, welche Spannung es noch überwindet, um zum Futter zu gelangen. Beide Experimente liefern Maße für den Trieb zur Nahrungsaufnahme, die Nahrungsaufnahme-Motivation, den Freßtrieb. Je länger ein Tier nichts gefressen hat, desto stärker wird es an der Leine ziehen, oder desto größere Unannehmlichkeiten wird es in Kauf nehmen. Man kann ebensogut die Menge der Nahrung messen, die in einer Mahlzeit aufgenommen wird (etwa indem man das Tier vor- und hinterher wiegt), oder prüfen, wie stark man das Futter vergällen muß, damit es nicht mehr angerührt wird. Auch diese Maße werden den Hungerzustand angeben. Ein sexuell erregtes Tier wird man entsprechend mit einem Geschlechtspartner, aber kaum mit Futter anlocken können; es ist in Paarungsstimmung, aber nicht in Freßstimmung. Also kann man tatsächlich verschiedene Triebe an der jeweiligen Bereitschaft zu bestimmten Reaktionen messen.

Ein eingeschüchtertes, fluchtbereites Tier allerdings wird – selbst wenn es hungrig ist – auf Futter wahrscheinlich gar nicht reagieren, wohl aber auf Fluchtreize. Daran zeigt sich, daß die verschiedenen Triebe einander beeinflussen und gegebenenfalls auch unterdrücken können. Da es außerdem charakteristische Verhaltensweisen für die einzelnen Triebe gibt – Fressen für Freßtrieb, Nestbaumaterial-Sammeln für den Nestbautrieb, Balzen für den Paarungstrieb usw. –, kann man auch aus deren Häufigkeit auf die Art und Stärke des jeweils akuten Antriebes schließen. Ich will auf die vielen möglichen Meßverfahren hier nicht weiter eingehen. Ausführlich Auskunft darüber gibt das neue Lehrbuch von Eibl-Eibesfeldt[10]. Jedenfalls kann man Triebe messen und unterscheiden und deswegen auch angeben, wieviele voneinander unabhängig variable Antriebe es bei einer Tierart gibt und welche der äußerlich sichtbaren Verhaltensweisen von welchem Antrieb abhängen.

An sich ist das längst bekannt; dennoch gibt es streitbare Geister, die sich vor der Erkenntnis drücken, Untersuchungen an Tieren könnten wie der medizinischen so auch der ethologischen Erforschung des Menschen dienen. Zum Beispiel hat Hannah Arendt[1] kürzlich von der Verhaltensforschung behauptet: »Offensichtlich handelt es sich hier nicht mehr um Wissenschaft, sondern um eine auf Hypothesen beruhende Theorie, die schon darum suspekt ist, weil sie weitgehend mit physikalischen Begriffen – Energie und Kraft bzw. ihrer Stauung – arbeitet, die auf biologische und physiologische Sachverhalte übertragen höchst fragwürdig werden, weil sie nicht meßbar sind.« Sie will die »leichthinnigen Folgerungen« aus der Zoologie, »die inzwischen Schule gemacht und neue Wissenschaften haben entstehen lassen, nicht mitmachen«: »Das Endresultat all dieser Untersuchungen ist nämlich, daß die Gewalttätigkeit bzw. der Aggressionstrieb als noch ›natürlicher‹ erscheint und ihm eine noch größere Rolle im menschlichen Zusammenleben zugeschrieben wird, als wir ohne sie anzunehmen bereit waren.« Das scheinen ihr »höchst unerwünschte und mit den Phänomenen nicht im Einklang stehende Resultate« zu sein, und zwar (mit ihren eigenen Worten) gesehen »aus einer, wie man sagt, ›humanistischen‹ Perspektive, ohne alle ›Forschung‹«. Sie meint, Ethologen versuchten aus dem Verhalten von Tieren eine Rechtfertigung oder Verurteilung menschlichen Verhaltens abzuleiten: »Der Maßstab dafür, wie man sich nun eigentlich verhalten soll, ist wieder von dem Verhalten anderer Tiergattungen abgeleitet.« – Daß gerade das nicht stimmt, hoffe ich in den folgenden Kapiteln zu zeigen. Arendt verwechselt aber nicht nur die wirklich stattfindende messende Antriebsanalyse mit ethischer Bewertung, sondern unterschiebt den Verhaltensforschern auch die Behauptung, »daß die zusätzliche Gabe der Rationalität die verhaltensphysiologischen Mechanismen der Triebstruktur des Menschen nur störe«. – »Darum fühlt sich die Wissenschaft heute dazu aufgerufen, uns von diesen Nebenwirkungen des Verstandes zu heilen, und zwar indem sie unsere Triebe nicht so sehr unter Kontrolle bringen als neu orientieren will, ihnen Ersatzobjekte anbietet und sie in Kompensationsleistungen steuert, nachdem sie ihre ursprüngliche Funktion im Haushalt der Natur durch das Eingreifen des Verstandes verloren haben.« Unverhohlen bedauert sie, daß »Zoologen, Biologen und Physiologen nahezu beherrschend auf einem Gebiet auftreten, das noch vor wenigen Jahrzehnten von Psychologen, Soziologen und Politikwissenschaftlern besetzt war«, und vermeidet dabei einen Vergleich der Arbeitsmethoden und Hypothesenbildungen in den einander gegenübergestellten Disziplinen – abgesehen von der (falschen) Behauptung, aktionsspezifische Energie oder Triebstärke seien nicht meßbar. Ich bin der Meinung, Arbeitshypothesen, gleichgültig woher sie kommen, braucht nur zu scheuen, wer selbst Bequemlichkeitshypothesen schützt.

Vergleichen

Der im vorliegenden Zusammenhang besonders wichtige ethologische Arbeitsbereich ist die »vergleichende Verhaltensforschung«. Verglichen werden dabei 1. Merkmale, 2. Arten, 3. Leistungen.

Der Merkmalsvergleich gibt Aufschluß darüber, wie sich einzelne Organe oder Verhaltensweisen weiterentwickelt haben; wie also etwa ein Vorderbein der Saurier zum Vogelflügel oder zur Wal-Flosse wird oder wie aus einer Bettelbewegung des Jungtieres eine Begrüßungsgeste zwischen Erwachsenen entsteht. Der Artenvergleich ergibt, durch Untersuchung vieler Artmerkmale, wie sich die Arten weiter- und auseinanderentwickelt haben, und führt zu den bekannten Stammbäumen der Lebewesen. Merkmalsvergleich und Artenvergleich erfassen natürliche Verwandtschaften und zielen auf *Abstammungs*ähnlichkeiten.

Der Leistungsvergleich gibt Aufschluß darüber, welche ganz verschiedenen Organe und Verhaltensweisen gleiche Aufgaben übernehmen können; er zeigt, wie ganz unabhängig voneinander bei nicht verwandten Tiergruppen (Wirbeltieren, Tintenfischen, Insekten) etwa Augen entstehen oder welche Verhaltensweisen es sind, die von Vögeln, Raubtieren, Huftieren oder Affen als Beschwichtigungsgesten verwendet werden. Der Leistungsvergleich erfaßt funktionell bedingte Übereinstimmungen und zielt auf *Anpassungs*ähnlichkeiten.

Abstammungsähnlichkeiten nennt man *Homologien*, Anpassungsähnlichkeiten *Konvergenzen*. Entsprechend auch methodisch verschieden ist die Homologieforschung von der Konvergenzforschung. Die Konvergenzforschung zeigt, was – von oft sehr verschiedenem Ausgangsmaterial her – übereinstimmend entwickelt wird, wo es um eine bestimmte Leistung geht, also etwa, welche Eigenschaften für einen zum Fliegen geeigneten Flügel unerläßlich sind. Die Homologieforschung zeigt, welcher Herkunft das Baumaterial ist, das im konkreten Fall zur Verwirklichung des Bauprinzips dient, also etwa, aus welchen Körperteilen und auf welchen Wegen die Flügel der Insekten, der Vögel oder der Fledermäuse zustandekamen.

Homologie- und Konvergenzforschung ergänzen einander. Bisher aber hat gerade in der Verhaltensforschung die Frage nach den Homologien so stark im Vordergrund gestanden, daß für die Konvergenzforschung ein erklecklicher Nachholbedarf besteht. Das zeigt sich auch in den Folgerungen, die aus den Beobachtungen an Tieren auf den Menschen gezogen werden.

Wer Aufschluß über die Biologie des menschlichen Verhaltens haben will, fragt regelmäßig nach dem Verhalten unserer nächsten Verwandten, also der Affen und Menschenaffen und hält um so weniger von Ergebnissen der Forschung, an je weniger mit uns verwandten Lebewesen sie gewonnen wurden. Immer wieder lesen wir selbst von namhaften Journalisten (oft in Referaten oder Rezensionen unserer mehr populärwissenschaftlichen Bücher) den Vorwurf, wir sollten uns doch lieber den Menschenaffen widmen, statt Buntbarsche oder Buchfinken zu studieren und dann halsbrecherische Schlüsse auf den Menschen zu verkünden; der Mensch gehöre nun mal zu den Primaten und nicht zu den Gänsen, und die Verhaltensforscher sollten entweder da forschen, wo es die menschlichen Probleme erfordern, oder zugeben, daß sie einem esoterischen Hobby frönen und sich aus der Debatte um den Fortbestand der Menschheit heraushalten. Diesen Kritikern ist entgangen, daß die Evolution der Arten auf dieselbe Weise ökologische Nischen erschließt wie die Wirtschaft

Marktlücken. Schwesternarten gehen sich als Konkurrenten so aus dem Wege wie Parallel-Erzeugnisse der gleichen Firma. Wer die typischen, funktionsgebundenen Merkmale eines Produkts kennenlernen will, untersucht deshalb zweckmäßigerweise nicht einfach die übrigen Erzeugnisse derselben Firma, sondern besser solche Erzeugnisse – selbst irgendeiner ganz anderen Firma –, die sich an denselben Verbraucherkreis wenden. Wer sich für die biologischen Gesetzmäßigkeiten der Monogamie des Menschen interessiert, tut deshalb gut daran, nicht in erster Linie die uns nächst verwandten Schimpansen zu studieren, die einen ganz anderen Lebensraum als der Mensch besiedeln (so anders, daß der Mensch schon große Schwierigkeiten hat, ihnen dort als Beobachter zu folgen) und die – vermutlich in Anpassung an diesen Lebensraum – auch ein ganz anderes Sozialsystem als der Mensch entwikkelt haben; vielmehr würde man ihm empfehlen müssen, monogame Lebewesen aus möglichst verschiedenen Tiergruppen vergleichend zu untersuchen, um herauszufinden, unter welchen Bedingungen Monogamie sich bewährt und welche anderen biologischen Eigenschaften normalerweise mit ihr zusammen auftreten. Die Konvergenzforschung an möglichst verschiedenen Arten liefert die Kenntnis der funktionsgebundenen Struktureigenschaften; die Homologieforschung an den nächst verwandten Arten gibt an, wie die geforderte Struktur im konkreten Fall gemacht wurde. Aufs Problem bezogen bringt deshalb die Konvergenzforschung grundlegendere Erkenntnisse als die Homologieforschung. Daß das auch für Probleme gilt, die weithin für ausschließlich menschliche gelten, will ich in den folgenden Kapiteln zeigen.

Konvergenzforschung ist aber noch aus einem anderen methodischen Grund unerläßlich für die Verhaltensforschung, die dem Menschen nutzbar gemacht werden soll. Man kann ja nie Forschungs*ergebnisse* von einer Art Lebewesen auf eine andere übertragen. Übertragen läßt sich nur eine Arbeitshypothese. Man kann nicht eine Art komplett stellvertretend für eine andere untersuchen, sondern man kann nur hoffen, bei solchen Paralleluntersuchungen allgemeine Übereinstimmungen in bestimmten Teilen zu finden, die Verfahren zu schärfen und ungefähr die Richtung zu bestimmen, in der die gesuchte Antwort liegen wird. Mediziner erproben ihre Techniken und Medikamente nicht an Ratten, weil Menschen auch Nagetiere wären, sondern weil sich inzwischen gezeigt hat, daß Ratten (und einige andere Tiere) in manchen physiologischen Bereichen dem Menschen ähnlich reagieren. Dennoch kann man aus den Rattenforschungen nur Arbeitshypothesen, Wahrscheinlichkeitsaussagen darüber machen, wie ein Medikament beim Menschen anschlagen wird; und nicht nur die Contergan-Affäre lehrt, daß solche Voraussagen auch einmal falsch sein können. Sie werden ja auch regelmäßig zunächst ganz vorsichtig am Menschen selbst überprüft, indem neue Medikamente, die alle Vor-Tests durchlaufen haben, im entscheidenden Experiment unter allen möglichen Vorsichtsmaßregeln direkt am Menschen erprobt werden. Dieses direkte Experiment bleibt uns nicht erspart. Der Mediziner weiß aufgrund solcher Experimente, an welchen Test-

Tierarten er die sichersten Voraussagen über die Wirkung seiner Methoden auf den Menschen machen kann. Gerade das aber weiß der Verhaltensforscher nicht. Er weiß nur, daß sicher nicht jede beliebige Tierart gleich gut für Modellversuche geeignet ist. Welche aber die brauchbarsten Arbeitshypothesen in bezug auf den Menschen liefert, kann man bisher nicht nachprüfen, weil für die kritischen Experimente zur Ordnung und Entwicklung des Sozialverhaltens große Abschnitte der gesamten Lebenszeit und weite Ausschnitte der ganzen Sozietät sorgfältig kontrolliert werden müßten. Natürlich versucht man, durch Kulturenvergleiche und durch Auswerten von sowieso anfallenden sozialen Mißständen und individuellen Unglücksfällen quasiexperimentelle Befunde zu erheben. Aber nie sind dabei alle Faktoren erfaßbar, die eine Rolle spielen. Fallsammlungen sind ein um so schlechterer Ersatz für Experimente, je spärlicher die Fälle gestreut sind. Und Psychiater und Mediziner sind dabei immer – wie Beichtväter – in der Gefahr, ihre Erkenntnisse vom Abnormen, Pathologischen her zu gewinnen, ohne zuvor den biologischen Normalzustand gründlich und besser zu kennen. In dieser Gefahr ist der Verhaltensforscher bisher nicht, denn ihn interessiert – selbst bis zur bedenklichen Vernachlässigung vorhandener Abnormitäten – nur der biologische Regelfall, das normale und gesunde Tier. Aus diesem Grunde kann er auch den zuweilen bei ihm Rat suchenden Haustierzüchtern nicht helfen, die bei der modernen Intensivhaltung störende Verhaltenseigentümlichkeiten ihrer Tiere erklärt oder beseitigt haben möchten.

Der Verhaltensforscher muß sich, da er das ideale Versuchstier noch nicht kennt, absichern und nach Aussagen suchen, die so allgemeingültig sind, daß von dieser Basis her eine Voraussage über menschliches Verhalten vertretbar wird. Auf diese Weise erfaßt er natürlich gerade nicht das Spezifikum des Menschen; aber er erfaßt wesentliche Teile des menschlichen Funktionsgefüges, die der Mensch mit anderen Lebewesen gemeinsam hat. Je breiter die Ausgangsbasis, desto berechtigter werden solche Schlüsse; und je mehr Konvergenzfälle darinstecken, desto sicherer lassen sich funktionsabhängige Eigentümlichkeiten erfassen. Wehren muß man sich deshalb schon gegen das methodische Vorgehen etwa von F. Frank[15], der von einer willkürlichen Beispielsammlung ausgeht.

In gleicher Lage wie der Verhaltensforscher ist der Soziologe. Wenn er einmal das Stadium des Sammelns und Ordnens durchlaufen hat, wird er, um die gefundenen Gesetzmäßigkeiten analysieren und verstehen zu können, experimentell prüfen müssen. Soziologen, die prinzipiell ohne Experimente auskommen wollen, sind Illusionisten. Und wenn sie Experimente am Menschen wenigstens so lange wie möglich umgehen wollen, werden sie erst recht auf Modell- und Vergleichsfälle aus dem Tierreich angewiesen sein. Das hat der wenig bekannte lettische Soziologe Paul von Lilienfeld[33] bereits 1873 kommen sehen, freilich in seiner (manchmal zu einseitigen) Sprach- und Begriffsfassung von vor 100 Jahren: »Die menschliche Gesellschaft ist, gleich den Naturorganismen, ein reales Wesen.« – »Vieles, das bis heute der idealen Welt zugehörig erachtet wurde, macht einen unbestreitbaren Theil der realen Welt aus.« – »Alles im socialen Gebiete, wie in der Natur, beruht auf Wechselwirkung und nicht auf absoluten Principien.« – »Der Erforscher der menschlichen Gesellschaft befindet sich in der Lage des äußerlich passiven Beobachters, des geistigen Anatomen.« Er muß die »inductiv-empirische Methode, vom Besonderen zum Allgemeinen aufsteigend«, anwenden, wie in der Naturkunde üblich, und findet »früher in den Geschicken der menschlichen Gesellschaft vieles der unmittelbaren Thätigkeit der Gottheit zugeschrieben, was jetzt aus natürlichen Ursachen, aus allgemein anerkannten Entwicklungsgesetzen der Gesellschaft erklärt wird, und somit nur mittelbar Gott entstammt.«

Auch im heutigen Stadium der Forschung muß man Beschreibungen sammeln, um einen Überblick über die in der Natur realisierten Möglichkeiten zu gewinnen. Wenn einige davon auch beim Menschen eine Rolle spielen, dann wird man schon deswegen versuchen, am Tier mehr darüber zu erfahren: mit welchen äußeren und inneren Faktoren die betreffenden Verhaltensweisen zusammen- und von welchen sie ursächlich abhängen. Das gelingt aber nur, wenn zwei Voraussetzungen erfüllt sind: Das zu untersuchende Verhaltenselement oder die betreffende Situation muß eindeutig identifizierbar und wiedererkennbar sein; und die Arbeitsmethoden, die der Forscher verwendet, müssen so genau angegeben sein, daß sich seine Ergebnisse reproduzieren und überprüfen lassen. Da das die Grundvoraussetzung der Naturwissenschaft ist, darf man eben – um mit Reimarus zu reden – »keinem auch der neueren Naturforscher trauen, als der die Art und Weise, wie er zu der Beobachtung gelanget sey, anzeiget«.

Dieses Methodenproblem wird besonders offenkundig an der »Tötung von Artgenossen« (S. 89) und der Aggression. Wie viele Individuen einer Art muß man untersucht haben, ehe man berechtigt ist, auf alle übrigen – also auf die Art insgesamt – zu verallgemeinern? Wie viele Arten muß man untersucht haben, ehe man weiß, ob es so etwas wie »Aggression« allgemein gibt? Besonders gefährlich ist es, den zweiten Schritt vor dem ersten zu tun und die Deutung der Erscheinung schon in die Benennung vorzuverlegen, also etwa einfach von »Angriff« zu sprechen statt vorerst die Verhaltensweise so zu beschreiben, daß sie ein anderer danach wiedererkennen und selbst entscheiden kann, nach welchen Kriterien sie »Angriffsverhalten« heißen sollten.

Man ist ja nicht nur an einer möglichst vollständigen Liste von Erfahrungswerten interessiert, sondern möchte die Gesetzmäßigkeiten im Verhalten des betreffenden Organismus durchschauen und verstehen, damit man sein Verhalten unter neuen Bedingungen richtig voraussagen kann. Solche Voraussagen über noch nicht untersuchte Situationen sind deshalb der Prüfstein für die Arbeitshypothesen der Naturwissenschaft.

Will man das Verhalten (zumal höherer) Tiere nach diesem Verfahren naturwissenschaftlich erforschen, so muß man – um reproduzierbare Ergebnisse zu bekommen – alle dieses Verhalten beeinflussenden Faktoren kontrollieren. Das geht auf zwei Weisen: Entweder man mißt sie alle, oder man schaltet alle bis auf die zu untersuchenden aus. Um mit den Füßen auf dem Boden der Realität zu bleiben, darf man allerdings statt »alle« auch »die wichtigsten« sagen; denn alle Faktoren kennt man sowieso nicht, und es macht schon größte Schwierigkeiten, die wichtigsten von denen, die man kennt, zu kontrollieren. Jede naturwissenschaftliche Aussage ist aber in ihrer Tragweite auf solcherart kontrollierbare und auch tatsächlich kontrollierte Faktoren beschränkt. Meist versteht man unter »kontrollieren« irgendeine Form von messen und sagt dann, den Naturwissenschaftler interessiere nur das, was er irgendwie messen kann. Man braucht dabei nicht nur streng an metrische Systeme zu denken, sondern muß auch Vergleichs-Skalen zulassen, die etwa der Stammesgeschichtsforscher oder der Historiker benutzen, um ihre Aussagen über Vorgänge in der Vergangenheit überprüfbar zu machen.

Das Hauptproblem liegt dann nicht auf dem Gebiet des subjektiven Verstehens, der Intuition, Einfühlung, des Naturerlebens, sondern auf dem Gebiet der Verständigung zwischen (menschlichen) Individuen über irgend etwas. Wissenschaft entsteht erst aus der Verständigung über das subjektiv Erkannte. Und solche Verständigung erfordert stets eine Reduktion auf die in gemeinsamer Absprache festgelegten Hilfsgrößen, die man mit dem griechischen Wort »Parameter« nennt. Es ist nicht so problematisch, rein subjektiv etwas als wertvoll, schön oder richtig zu empfinden; es wird aber höchst problematisch, wenn man wissen möchte, ob solche Empfindungen bei verschiedenen Individuen gleich oder durch gleiche Gegebenheiten erzeugbar sind. Deshalb begann der Fortschritt der Naturwissenschaft mit der methodischen Klärung, wie man sich über Naturgegebenheiten verständigen kann, und nicht schon bei der (gern als mystisch gekennzeichneten) rein subjektiven Naturbetrachtung. Alles das, was man mit dem naturwissenschaftlichen Methodensatz nicht angehen kann, ist nicht Sache der Naturwissenschaften. Wer also meint, subjektiv empfundene höchste Werte des Menschseins verschwänden aus dem Blickfeld, wenn man versuchte, sie auf dem Wege über kontrollierbare Einzelfaktoren zu erforschen, darf den Naturwissenschaftler nicht um Erforschung dieser Werte bitten, ja er darf von ihm nicht einmal eine Aussage darüber akzeptieren (oder fordern), ob es solche Werte gibt oder nicht.

Die Zehn Gebote

Nach allgemein verbreiteter Auffassung sind die Zehn Gebote sowohl Grundlage wie Inbegriff der Sittlichkeit; sie waren es – theologisch gesprochen – schon im Alten, und sie sind es weiter im Neuen Testament. In der heute bekanntesten Form heißen diese Gebote:

1. Du sollst keine anderen Götter neben mir haben.
2. Du sollst den Namen Gottes nicht verunehren.
3. Gedenke, daß du den Sabbat heiligest.
4. Du sollst Vater und Mutter ehren.
5. Du sollst nicht töten.
6. Du sollst nicht ehebrechen.
7. Du sollst nicht stehlen.
8. Du sollst kein falsches Zeugnis abgeben wider deinen Nächsten.
9. Du sollst nicht begehren deines Nächsten Weib.
10. Du sollst nicht begehren deines Nächsten Hab und Gut.

Aus historischen Forschungen können wir für das rechte Verständnis dieser Sätze einige wichtige Aufschlüsse bekommen. (Das folgende habe ich weitgehend bei Haag[19] entnommen.) Die Formulierung der Zehn Gebote hat selbstverständlich, wie alle Überlieferung, eine Entwicklung durchgemacht, die man schon innerhalb der Bibel verfolgen kann. Im Buche Exodus, das mit der Schilderung des Auszuges der Israeliten aus Ägypten anhebt, beginnt die Liste mit vier auf Gott bezogenen Geboten (Ex 20, 2–17):

1. Du sollst keine anderen Götter haben neben mir.
2. Du sollst dir kein Gottesbild machen.
3. Du sollst den Namen Gottes nicht zum Meineid aussprechen.
4. Heilige den Tag des Sabbat.

Dann folgen die oben genannten Gebote, vom Vierten angefangen, nur alle in der Zählung um eins verschoben, bis zum Zehnten: »Du sollst nicht begehren das Haus deines Nächsten; du sollst nicht begehren das Weib deines Nächsten und nicht seinen Knecht noch seine Magd, und nicht sein Rind noch seinen Esel, noch irgend etwas, was deines Nächsten ist.« Im 7. und 6. Jahrhundert, zur Zeit des späteren Buches Deuteronomium, auch 5. Buch Moses genannt, zählt aber die Frau nicht mehr zum Inventar des Hauses; sie wird im Neunten Gebot, wie wir es kennen, vorausgenommen. Die Frau ist, entsprechend der sozialen Einstellung dieses ganzen Buches, von einer Sache zur Person geworden. Das Erste und Zweite Gebot der alten Fassung wurde zusammengezogen, um die beliebte Zehnzahl (den Dekalog) beizubehalten.

Die Zahl zehn ist in der semitischen Denkart der Inbegriff der Totalität. Bis zum heutigen Tage besteht im Judentum die Vorschrift, daß ein offizieller Gottesdienst nur abgehalten werden darf, wenn mindestens zehn Männer anwesend sind, welche die Gesamtheit der Gemeinde legitim darstellen. So wie Gott in zehn

Plagen seine totale Machtfülle offenbart, so manifestiert sich in den Zehn Geboten sein totaler göttlicher Wille. Sie sind die Kernsätze des mosaischen Gesetzeswerkes, der Thora, die selbstverständlich für die jeweilige Zeit und den wechselnden Umständen entsprechend gedeutet werden müssen. Für den Juden der Zeitenwende etwa gab es 613 einzelne Gebote des Gesetzes; dennoch antwortet Jesus auf die Frage des Reichen, was man tun müsse, um das ewige Leben zu gewinnen: »Du kennst die Gebote: Du sollst nicht töten, nicht ehebrechen, nicht stehlen, nicht falsches Zeugnis reden, nicht vorenthalten, ehre deinen Vater und deine Mutter« (Mk 10, 17–19). Das ist also die Zusammenfassung des ganzen komplizierten Gesetzes; bemerkenswerterweise fehlen darin die direkt auf Gott bezogenen ersten Gebote. Da sie nicht direkt mit dem Zusammenleben der Menschen zu tun haben, darf ich sie wohl hier auch überspringen und mich auf die »Sozialgebote« beschränken, die in bildlichen Darstellungen regelmäßig auf einer der Steinernen Tafeln des Moses beisammenstehen.

Schon lange vor Moses, im Ägypten des Neuen Reiches vom 16. bis 12. Jahrhundert, wurde den Verstorbenen ein Totenbuch mit ins Grab gegeben, das Formeln für die Unschuldsbeteuerungen vor dem Richterstuhl des Osiris, des Gottes des Totenreiches, enthielt:

»Ich habe nicht Unrecht getan,
ich habe nicht geraubt,
ich bin nicht habgierig gewesen,
ich habe nicht gestohlen,
ich habe nicht Menschen getötet,

ich habe das Kornmaß nicht verringert,
ich habe nicht Lüge geredet.«

Man kann daraus ersehen, daß der Dekalog weitgehend der überkommenen Moral der Ägypter entsprach. Die darin aufgestellten Forderungen sind nicht auf Israel beschränkt und nicht etwa Maximalforderungen, sondern Grundforderungen, die jedermann relativ leicht erfüllen kann. Die katholischen Theologen sagen, der Dekalog beziehe sich nur auf schwere Sünden.

Ferner galt er als Text einer Bundesschließung, wie im alten Orient üblich, hier des Bundes zwischen Gott und seinem Volk; daher bezieht sich die Anrede »Du« in erster Linie auf den Bundespartner, nämlich das ganze Volk. Es geht also im Dekalog nicht so sehr um Vergehen, die der einzelne nicht begehen darf, sondern um solche, die Israel nicht begehen, in seiner Mitte nicht dulden darf und auf die in den Ausführungsbestimmungen anderer Gesetzessammlungen die Todesstrafe steht. Der Kern eines solchen Bundestextes war immer wieder – hier in der Liturgie – zu verkünden und in apodiktische gleichartige kurze Sätze gefaßt, die der Hörer leicht auffassen und sich merken oder auswendig lernen kann.

Selbstverständlich notwendig sind dann Erweiterungen, Auslegungen, die den Sinngehalt des Gesetzes im täglichen Leben anwendbar machen. In diesen Auslegungen spiegelt sich die jeweilige Situation des betreffenden Volkes oder Stammes. Im Buche Exodus z. B. enthält das dem Dekalog vorangehende Kapitel den Bericht über die Ankunft der wandernden Stämme am Sinai. Im Sabbatgebot aber heißt es: »Du darfst keinerlei Arbeit tun ..., auch nicht der Fremdling innerhalb deiner Tore«, und das paßt gar nicht in die nomadische Zeit Israels, sondern gehört bereits zur Seßhaftigkeit. Tatsächlich liegen gerade in solchen, oft an die Gebotsformel angehängten Ausweitungen die wichtigsten Unterschiede schon zwischen den beiden biblischen Fassungen des Dekalogs.

Aufschlußreich ist ein Vergleich der uns aus der Bibel bekannten Zehn Gebote mit denen der Masai, die noch heute in den Steppen Ostafrikas leben, und zwar als viehzüchtende Nomaden. Um 1910 hat Moritz Merker[42] in einer sehr eingehenden Studie auch die Überlieferungen der Masai mitgeteilt, die bis hin zur Gesetzgebung auf einem Berge erstaunliche Parallelen zur hebräischen Urgeschichte aufweisen. Offenbar entstammen die Masai demselben Volk wie die ältesten Hebräer und haben, weil sie stets Nomaden blieben, die ursprünglichere Fassung auch der Gebote bewahrt, die bei ihnen so lauten:

1. Ihr sollt euch kein Bild von Gott machen.
2. Ihr sollt keine Menschen töten.
3. Ihr sollt nicht das Eigentum eines anderen Masai nehmen.
4. Ihr sollt euch vertragen und nicht miteinander streiten.
5. Kein Mann soll die Frau eines Verheirateten berühren.
6. Wenn ein Masai seinen Besitz verloren hat, sollen ihn die anderen unterstützen.
7. Nur einer soll über euch herrschen.
8. Der Mann soll immer nur eine Frau haben.

9. Ihr sollt keine weiblichen Tiere töten.

Das 10. Gebot schreibt zwei religiöse Feste im Jahr vor (bei den Israeliten waren es schließlich über 70 Festtage, an denen die Arbeit ruhen mußte, was sich kein Viehzüchter erlauben kann).

Alle Masai-Vorschriften sind in gleicher oder ähnlicher Form aus den zahlreichen und oft detaillierten Anweisungen der genannten Bücher des Alten Testamentes bekannt. Deshalb schließt Merker: »Der biblische Autor hat die infolge der Seßhaftmachung, der veränderten Lebensweise und Anschauung nötig gewordenen oder modifizierten Gesetze in den traditionellen Rahmen der uralten Gesetzgebung eingefügt, unter gleichzeitiger Weglassung der aus demselben Grund verlorenen oder der infolge ihrer geschmälerten Bedeutung aus dem bevorzugten Platz verdrängten Gebote« (S. 337). Man braucht nur die ja ebenfalls im Buche Exodus stehende andere Zehnerreihe von Geboten anzusehen, um ihm recht zu geben. Zum Unterschied vom sogenannten »ethischen Dekalog« der Zehn Gebote, nennt man ihn auch »kultischen Dekalog« (Ex 34, 10–26), und er enthält zahlreiche Viehzüchter-Elemente:

1. Du sollst keinen fremden Gott anbeten.
2. Du sollst dir keinen Gott aus Gußmetall machen.
3. Das Fest der ungesäuerten Brote sollst du halten.
4. Alle Erstgeburt gehört mir, von deinem ganzen Viehbestand die männliche Erstgeburt vom Rind und Schaf.
5. Am siebenten Tage sollst du ruhen, selbst in der Zeit des Pflügens und Erntens.

6. Dreimal im Jahr soll alles männliche unter dir vor Gott dem Herrn, Israels Gott, erscheinen.
7. Du sollst mein Opferblut nicht zusammen mit gesäuertem Brot darbringen.
8. Das Opfer des Osterfestes soll bis zum anderen Morgen nicht mehr da sein.
9. Das Beste von den Erstlingen deines Ackers sollst du zum Hause des Herrn, deines Gottes, bringen.
10. Du sollst ein Böcklein nicht in der Milch seiner Mutter kochen.
(Eine Einladung zum für uns nicht immer appetitanregenden Masai-Mahl kann man, ohne den Gastgeber zu beleidigen, nur mit dem Hinweis ablehnen, man habe schon Fleisch bzw. Milch genossen; denn die Masai weigern sich auch heute noch, beides am selben Tag zu sich zu nehmen und auf diese Weise zu vermischen.)
Aus alledem geht hervor, daß der Mensch, zumindest soweit unsere Überlieferung reicht, immer sittliche Gebote gekannt hat, deren genaue Formulierung sich ebenso verschiebt wie die Auswahl der zehn wichtigsten. So gesehen ist eine Anpassung der Gebote an die Situationen sicher legitim. Unter welchen Bedingungen das nicht zur Willkür oder zur verpönten Situationsethik führt, werden wir noch zu erörtern haben. Ein Vergleich des Dekalogs mit natürlich-biologisch vorgegebenen Gesetzen, wie wir ihn hier versuchen, ist schließlich leicht damit zu rechtfertigen, daß die mosaische Zeit den Unterschied zwischen göttlichen Gesetzen und Naturgesetzen nicht kannte, sondern alle als Ausdruck göttlichen Willens nahm.

Moral-analoges Verhalten bei Mensch und Tier

Ob man nun die biologischen Gesetzmäßigkeiten, denen das tierische Verhalten folgt, und diejenigen Gesetze, denen das Verhalten des Menschen folgen soll, für verschiedene Ausdrucksweisen desselben Schöpferwillens hält oder nicht – vielerlei Gemeinsamkeiten lassen sich kaum übersehen. Sie sind auch durchaus nicht erst durch die moderne Verhaltensforschung aufgedeckt worden.

Nachdem sich im 18. Jahrhundert der Trend verstärkte, die naturwissenschaftlichen Arbeitsmethoden der Erforschung des menschlichen Soziallebens nutzbar zu machen, stellte sich bald heraus, daß auch das gesellschaftliche Leben des Menschen natürlichen Gesetzmäßigkeiten folgt. Der Begründer der Soziologie, der Franzose Auguste Comte, faßte 1822 den Plan, diejenigen »unveränderlichen Naturgesetze« zu suchen, denen die gesellschaftlichen Phänomene unterworfen sind. Er versuchte, von der Mathematik über die Astronomie, Physik, Chemie und Biologie zur Psychologie (die er als Teil der Physiologie verstand) fortzuschreiten und zu einer letzten aller Wissenschaften zu kommen, der er bezeichnenderweise den Namen »Sozialphysik« geben wollte. »Ich werde die Bedingungen sozialer Existenz so behandeln, wie ich unter dem Titel ›Anatomie‹ die Organisation in der Biologie abgehandelt habe, und danach werde ich die Gesetze sozialer Bewegung so behandeln wie unter dem Titel ›Physiologie‹ die Gesetze des Lebens in der Biologie. Diese Aufteilung in Statik und Dynamik ist zwar für Forschungszwecke notwendig, darf aber nur solange gebraucht werden, als sie nützlich ist.«

Mit der Bezeichnung »Sozialphysik« kam ihm allerdings der belgische Statistiker Adolphe Quételet 1835 zuvor, der statistische Methoden auf soziale Phänomene und speziell auf moralische Eigenschaften anwandte. Aus Statistiken über Verbrechen oder besonders mutige Taten schloß er auf die bei verschiedenen Alters- oder Berufsgruppen, Männern oder Frauen, Franzosen, Flamen oder Deutschen vorhandenen Neigungen zu solchen Taten. Er suchte also moralische Eigenschaften zu messen, und zwar an ihrem Effekt – ganz so, wie in der Verhaltensforschung Bereitschaften zu bestimmten Handlungen gemessen werden. Quételet suchte ferner nach Indikatoren, an denen sich noch nicht in die Tat umgesetzte Neigungen feststellen ließen – ein auch heute in der Soziologie akutes Problem.

Die Theorie, die hinter seinen Bemühungen stand, war allerdings vielen seiner Zeitgenossen sehr unsympathisch: Wie auf einer Zielscheibe die Einschüsse sich um das Zentrum häufen und, je weiter vom Ziel entfernt, desto seltener werden, so häufen sich nach Quételet auch die Körpermaße der Menschen um die natürliche Zielgröße, und die Fehlschüsse – Riesen oder Zwerge – werden immer seltener, je weiter sie sich in ihren Maßen von dieser Zielgröße entfernen. Der Durchschnitt, das am häufigsten vertretene mittlere Maß, wurde als Ziel der Natur oder – bei vielen der *moralischen* Eigenschaften – als Ziel der Gesellschaft verstanden. Selbstverständlich provoziert das die Frage, ob hier nicht das Durchschnittliche mit dem Wünschenswerten, das Normale mit der Norm verwechselt wird[57]; typisch dafür ist der Titel ›Die moralische Statistik und die menschliche Willensfreiheit‹ eines 1867 erschienenen Buches des deutschen Mathematikers und Philosophen Moritz Wilhelm Drobisch. Quételet ging es aber zunächst nur um eine Beschreibung und Messung von Phänomenen, nicht um Maßstäbe für ihre moralische Bewertung. Den Durchschnittsbürger oder den Durchschnittschristen beschreiben und seine ermittelten Eigenschaften einkalkulieren heißt ja noch nicht, ihn sich genau so wünschen.

Wieder war es ein Theologe, der preußische Pfarrer Johann Peter Süßmilch[61], der im Jahre 1741 ein Buch über ›Die göttliche Ordnung in den Veränderungen des menschlichen Geschlechts‹ veröffentlichte und darin statistische Gesetzmäßigkeiten als gottgewollte Ordnung hinstellte. Auch heute noch findet man ja bei vielen Leuten die Einstellung, Gott – dessen Ratschluß unerforschlich ist – habe dieses oder jenes so gewollt, wie es geschehen ist. Je häufiger etwas so geschieht, desto normaler kommt es uns vor. Und der Anpassungsvorgang, mit dem wir uns auf eine bestimmte mittlere Lebenserwartung wie auf die durchschnittliche Sommertemperatur in Westdeutschland einstellen, wird als Sich-Fügen in den Willen Gottes gedeutet. Wenn das die eigene Aktivität lähmt, statt sie anzuspornen, ist es selbst theologisch gesehen (in einer noch nicht »vollendeten« Welt) verwerflich, weil die Theologie ja lehrt, Gott erreiche, was er will, durch Menschen.

Übersehen wird jedoch ziemlich regelmäßig, daß die Kernfrage wiederum unbeantwortet bleibt. »Das Sollen gründet im Sein« *(Agere sequitur esse)* ist ein Axiom der katholischen Sittenlehre. Ursprünglich ging man davon aus, daß Gott die Welt am Anfang der Zeit fertig erschaffen habe, und zwar, wie es in der Bibel heißt, »sehr gut«. Jede Änderung mußte die Schöpfung also verschlechtern; und da man nicht annehmen kann, daß Gott selbst sich seine Welt vermurkst, konnte die Evolution nur vom Teufel kommen. Pfarrer Süßmilch sah immerhin schon die göttliche Ordnung auch in den Veränderungen. Die Frage des Gläubigen an den Fortschrittsgläubigen aber ist, ob nur die natürlich ablaufenden Veränderungen der außermenschlichen Evolution oder etwa auch alle durch den menschlichen Geist in Gang gebrachten kulturellen und zivilisatorischen Veränderungen jeweils durch göttlichen Willen sanktioniert zu denken sind. Wenn ja, ist Gottes Wille als Begriff entbehrlich, und an die Stelle der Zehn Gebote könnten zehn Beschreibungen treten; wenn nein, bleibt nur übrig zuzugeben, daß mit dem geschichtlichen Wandel des Menschen und seiner Gesellschaft sich notwendigerweise auch Änderungen in den diesem »Sein« entnommenen sittlichen Forderungen abspielen werden, daß zwar die Forderungen auf die Möglichkeit abgestimmt werden müssen, aber nicht mit ihnen identisch sind. »Genau in dem Maße, wie sich das Sein des Menschen geschichtlich verändert, muß auf alle Fälle auch die dafür gültige sittliche Norm eine andere sein«[56]; woher die Norm kommt, ist damit aber gerade nicht gesagt.

Charakteristisch für Comte und die anderen, oft erstaunlich modern anmutenden Forscher des 18. und frühen 19. Jahrhunderts ist, daß sie zwar naturwissenschaftliche Methoden in die Lehre vom Menschen im weitesten Sinne einführen, sie aber nur auf den Menschen anwenden. Man zielt auf eine Biologie und Soziologie des Menschen, indem man direkt ihn biologisch und soziologisch analysiert, nicht aber, indem man aus der zu erforschenden Biologie und Soziologie möglichst vieler Tiere Schlüsse auf den Menschen zieht oder wenigstens bei ihnen nach Parallelen zum Menschen sucht.

Die Frage, was solche Parallelen uns zur Normfindung helfen können, wollen wir später zu beantworten suchen und zunächst fragen, welcher Art diese Parallelen sind.

Die Vermutung, daß Unterschiede im sozialen Verhalten und in den Sozialsystemen nicht zufällig verteilt, sondern abhängig sind von der Umwelt, ist immer wieder geäußert worden. Der Philosoph, Ökonom und Historiker A. Espinas[13] publizierte 1878 ein Werk ›Über die tierischen Sozietäten‹, in dem er – anders als viele vor ihm – tatsächlich im Tierreich Parallelen zu den menschlichen Sozialformen suchte. Das Material entnahm er weitgehend aus ›Brehms Tierleben‹. Er entdeckte, (1.) daß tierische Sozietäten fast immer aus artgleichen Individuen bestehen; (2.) daß nächstverwandte Arten oft ganz verschiedene Sozialsysteme hatten, fast gleiche Sozialsysteme aber bei verschiedenen Tierarten auftreten konnten, die verwandtschaftlich gar nichts miteinander zu tun hatten. Er schloß, daß Ähnlichkeiten im Sozialleben weniger Abstammungs- als vielmehr Anpassungsähnlichkeiten sind und fragte deshalb, welche ökologischen Bedingungen wohl welche Form tierischer Sozietäten hervorbrächten. Der belgische Soziologe Raphael Petrucci versuchte 1905 vergeblich, die Komplexität des Soziallebens mit der Intelligenz der betreffenden Tierart zu korrelieren, und kam dann (1906) ebenfalls zu dem Schluß, daß die Sozialstruktur vom Lebensraum diktiert sei.

Wir haben heute schönere Beispiele, die diese Abhängigkeit belegen; es kann nämlich ein und dieselbe Tierart, je nach Umweltbedingungen, verschiedene Sozialsysteme zeigen[73]. Der Zaunkönig z. B. lebt in Gebieten, wo er sich um die Nahrungsbeschaffung deutlich mühen muß, regelmäßig monogam, und das Paar füttert und pflegt gemeinsam die Jungen; in Gegenden aber, wo es mehr als genug zu fressen gibt, hat jedes Zaunkönigmännchen mehrere Weibchen mit je einem Nest, die die Jungen allein aufziehen. Große Antilopen, etwa die in den Jahren 1962 bis 1965 von Estes[14] untersuchten afrikanischen Gnus, leben in Trockengebieten nomadisch in großen Herden mit angeschlossenen Junggesellenverbänden und bilden nur gelegentlich Kurzzeitreviere; in Gegenden mit genügend Feuchtigkeit und Nahrung sind sie seßhaft, die Männchen haben aneinandergrenzende Dauerreviere; die Junggesellenherden halten sich davon fern und auch getrennt von den ortstreuen, kleinen Mutter–Kind–Herden. Zur Zeit bearbeiten wir in einer kleinen Gruppe möglichst viele Tiere vergleichend, die monogam leben, weil wir wissen möchten, wie eng die Korrelation zwischen Umweltsituation und Sozialsystem ist, und weil wir hoffen, einmal voraussagen zu können, unter welchen Umständen welches System zu erwarten ist, gleichgültig bei welcher Tierart.

Die Hoffnung, daß das möglich ist, gründet auf der biologischen Erkenntnis, daß das Verhalten sozusagen das plastischste Organ der Lebewesen ist und daß ihnen vor allem ihr variables Verhalten ein Überleben und Ausnutzen der Lebensmöglichkeiten unter verschiedenerlei Umweltbedingungen ermöglicht.

Dieser Gesichtspunkt ist nun wieder seit alters her eng mit der Bezeichnung »Ethologie« verbunden. Es hat nämlich schon einmal einen Forschungszweig mit diesem Namen gegeben. Und zwar war es Isidore G. Saint-Hilaire, der 1854 in der Biologie den Begriff Ethologie auf das anwandte, was Ernst Haeckel 1866 »Ökologie« nannte. Vor allem der belgische Paläontologe Louis Dollo betrieb um die Jahrhundertwende als »Ethologie« die Erforschung der Verhaltens-Anpassungen der Lebewesen an ihre Umwelt. Bis in unsere Zeit diente diese »ethologisch-phylogenetische Methode« zur Analyse tierischer Lebensformtypen in der Stammesgeschichtsforschung[69]. Außerdem hat die ökologische Ethologie den Gesichtspunkt der Umweltanpassung an die Verhaltensforschung weitergegeben, die man zum Unterschied von den älteren Forschungsrichtungen auch »moderne Ethologie« nennt.

Bereits 1906 hatte der Belgier Emile Waxweiler[66], auf diese ökologisch-ethologische Forschung zurückgreifend ein großes (durch den Ersten Weltkrieg vereiteltes) Forschungsprojekt aufgestellt, das von einem vergleichend-theoretischen Fundament ausgehend mit Hilfe experimenteller Prüfungen eine enge Synthese tierischer und menschlicher Sozial-Ethologie bringen sollte; Soziologie erschien darin als der Spezialzweig der Ethologie, der sich mit den Phänomenen befaßt, welche aus den besonderen sozialen Fähigkeiten des Menschen erwachsen. Die allgemein-biologischen Grundzüge sozialen Verhaltens sollten an geeigneten tierischen Sozietäten vergleichend erforscht werden. Heute suchen wir erneut, ob sich Hilfen für die Antworten auf offene ethologisch-soziale und ethologisch-ethische Fragen in der Biologie finden lassen. Suchen können wir sie mit der vorhandenen Methodik auf jenen Gebieten, aus denen moral-analoges Verhalten bei Tieren bekannt ist.

Konrad Lorenz hat im Jahre 1954 einen Artikel mit dem Titel ›Moral-analoges Verhalten geselliger Tiere‹[35] veröffentlicht, in dem er darauf hinweist, daß Tiere, die Waffen tragen – etwa starke Zähne, Hörner, Gifte –, mit denen sie einen Artgenossen umbringen könnten, regelmäßig auch bestimmte Verhaltensmechanismen haben, die sie eben daran hindern, Artgenossen zu töten. Die Moral von der Geschichte wäre, daß sich der Mensch, wenn er über gefährliche Waffen verfügt, ein Verfahren einfallen lassen muß, das ihn am Mord von Mitmenschen hindert. Auch für unsere moralische Forderung, dem Schwächeren zu helfen, nennt Lorenz eine Analogie aus dem Tierreich: Bei Tieren, die in Gruppen leben, bildet sich automatisch eine Rangordnung aus, welche der abgestuften Stärke der Einzelindividuen entspricht. Beginnt – etwa bei Dohlen – ein Streit zwischen zwei Koloniemitgliedern, so greift regelmäßig der Ranghöchste bald in den Streit ein, und zwar zugunsten des Rangtiefsten, also des Schwächsten. Dies aber nicht aus irgendeinem Mitgefühl, sondern ganz einfach deswegen, weil jeder gegen die ihm Rangnächsten aggressiver ist als gegen die im Rang ihm ferner Stehenden. Also wird er, wenn er in einen Kampf eingreift, gegen den ihm rangnäheren Starken vorgehen und so indirekt dem Schwächeren helfen. Daß neben dem seit Darwin immer wieder betonten Kampf ums Dasein bereits im Tierreich ein »Gesetz der gegenseitigen Hilfe« mindestens ebenso wichtig für die fortschreitende Entwicklung der Arten sei, behauptete schon 1880 der Zoologe Professor Keßler auf einem russischen Naturforscherkongreß. Seiner Meinung nach waren das »Elterngefühl« und die Sorge für die Nachkommenschaft die Quellen gegenseitiger Zuneigung bei Tieren; wir werden darauf später (S. 158) zurückkommen. Keßlers Idee führte dann Fürst Peter Kropotkin[28] (bekannt als bedeutendster Vertreter des kommunistischen Anarchismus) in seinem 1904 veröffentlichten Werk ›Gegenseitige Hilfe in der Entwickelung‹ weiter, wenn auch oft mit Beispielen, die wir anders auslegen würden.

Tiere scheinen diesem moral-analogen Verhalten nicht ausweichen zu können; der Mensch weiß, daß er unmoralisch handeln kann. Was Lorenz betont, hat schon

Sebastian Franck in seiner Sprichwörtersammlung vor über 400 Jahren aus alten lateinischen Hexametern in deutsche Reime übertragen:

»Wo hat ein schlang ein schlangen toedt/
Ein Loew eim loewen anthon not?
In welchem wald hat ye ein Beer/
Ein schwein vnd Indisch Tigerthier
Getobt in sein gleich/ wahrlich nie/
Schwein hat mit schwein stets friden hie.
Aber bei Gott ein mensch der thuot
Vil leyds eim menschen/ seinem Bluot.«

Diese naiven Vergleiche stellen tierisches und menschliches Verhalten stillschweigend auf ein und dieselbe Stufe. Also sollten wir zunächst fragen, ob dem Menschen moral-analoges Verhalten etwa fehlt oder ob es beim Menschen keine Rolle spielt. Moral-analog wäre bei ihm jedes Verhalten, das, obwohl unüberlegt ausgeführt, nicht anders ausfällt, als wenn es vorher überlegt gewesen wäre, also einer nachträglichen moralischen Überprüfung standhält.

Dieses Problem hat bereits, wenn auch anders formuliert, große Denker beschäftigt. Klassisch und zugleich ironisierend überspitzt faßt es Friedrich Schiller in die bekannten Verse, die er »Gewissensskrupel« überschreibt: »Gerne dien' ich den Freunden, doch thu' ich es leider mit Neigung, und so wurmt es mir oft, daß ich nicht tugendhaft bin«; und er fällt dann die Entscheidung: »Da ist kein anderer Rat, du mußt suchen, sie zu verachten, und mit Abscheu alsdann thun, wie die Pflicht dir gebeut.«

So kann man Kants kategorischen Imperativ, der

Pflichterfüllung als notwendigen Bestandteil ethischen Handelns vorschreibt, ad absurdum führen und hat das offenbar falsche Gegensatzpaar Pflichterfüllung und natürliche Neigung elegant aufgespießt. Es scheint auch, daß diese falsche Gegensatzbildung mit der weitverbreiteten Ansicht zusammenhängt, der Mensch sei der Natur polar entgegenstehend oder sogar über ihr stehend geschaffen und jedenfalls nicht zur Natur gehörig. Bloß rettet selbst die Erkenntnis, daß dies nicht die ganze Wahrheit ist, kaum vor dem dumpfen Gefühl, daß eine gute Tat, wenn schon nicht wertlos, so doch deutlich wertgemindert sei, falls sie der Natur statt der Pflicht entsprang. Es gibt heute sogar noch Naturwissenschaftler, die, Schillers Ironie übersehend, allen Ernstes die Ansicht vertreten, Nächstenliebe sei nur gegen die natürlichen Neigungen möglich und die verkünden: »Seinem Freund zu helfen ist keine ethische Leistung.«[23] Der Mensch scheint also zu moralanalogem Verhalten fähig, es aber für unter seiner Würde zu halten, von dieser Fähigkeit Gebrauch zu machen. Das führt konsequent zu der Einstellung, alle natürlichen Antriebe kämen vom Teufel, besonders wenn sie Freude bereiten. Sicher klingt heute vielen eine so radikale Formulierung verdächtig; ebenso viele werden aber auch wissen, daß es keine legitime Entschuldigung für verwerfliche Handlungsweisen ist, wenn man sie als natürlich erkennt. Wie löst man also diese Gewissensfrage ohne Ironie?

Wir betrachten den Menschen als das höchstentwickelte Lebewesen dieser Erde. Das ist nicht einfach Hochmut, sondern es gibt ein Maß für Höherentwicklung, mit dem sich alle Lebewesen als höher oder weniger hoch entwickelt einstufen lassen. Dieses Maß ist nicht die stammesgeschichtliche Jugend, so als ob in der Geschichte der Organismen die jeweils später entstandene (also jüngere) Art automatisch einer höheren Entwicklungsstufe entspräche als die zeitlich vorausgehenden Arten. Als Maß nimmt man vielmehr diejenige Menge an Informationen über die Umwelt und die Welt, die ein Lebewesen ansammeln, speichern und sich nutzbar machen kann. Parasiten, die auf ganze Sinnesorgane ihrer Vorfahren verzichten und damit immer weniger Daten über ihre Umwelt bekommen können, sind Beispiele für eine Abwärtsentwicklung in dieser Skala; obwohl jung in der Geschichte, sind sie doch deutlich rückentwickelt.

Je höher ein Lebewesen entwickelt ist, je mehr Umweltdaten es sammeln kann, desto weniger ist es festgelegt; sonst könnte es sein Verhalten ja der Situation nicht anpassen, seine Erfahrungen eben nicht auswerten. Ganz besonders der Mensch kann sehr viel mehr verschiedene Situationen unterscheiden, als in seinem biologisch-instinktiven Verhalten vorprogrammiert und wofür Lösungen vorgesehen sind. Wenn aber die fertige Lösung nicht schon bereitliegt, muß man entscheiden, wie man handeln soll und, falls eine unmittelbare Neigung zu einer bestimmten Handlungsweise besteht, ob man dieser Neigung folgen darf oder nicht. Das heißt, man wird die Vernunft befragen müssen. Wer das für eine typisch menschliche Möglichkeit hält, wird menschliche Handlungen danach beurteilen, ob die Vernunft vorher befragt wurde. Das stößt aber auf eine – für viele vielleicht unerwartete – technische Schwierigkeit; und hier liegt die Wurzel für unser Problem: Woran kann man erkennen, wer wann vernünftig handelt?

Es gibt ein verdächtig einfaches Rezept dafür. Wenn man nämlich die natürliche Neigung kennt, und jemand handelt ihr entgegen, so wie der barmherzige Samariter, der an einem Landesfeind Nächstenliebe übte, so weiß man mit hoher Wahrscheinlichkeit, daß er sich seine Handlung vorher überlegt hat. Handelt er aber im Sinne der natürlichen Neigung und hilft auch einmal dem Freund, so hat er vielleicht vorher die Vernunft befragt, vielleicht aber auch nicht. Und weil man's eben nicht so genau wissen kann, schleicht sich in die Bewertung der Handlungen eine Unsymmetrie ein, die zugunsten der Überwindung der natürlichen Neigungen spricht und diese Neigungen leicht zum »inneren Schweinehund« degradiert. Handlungen, die gegen natürliche Neigungen vollbracht werden, gelten nur deshalb als besonders verdienstvoll, weil sie besonders klar erkennen lassen, daß die Vernunft vorher befragt wurde, nicht aber weil den Neigungen zuwidergehandelt wurde. Es ist nicht weniger verdienstvoll, wenn die Vernunft gebietet, einer natürlichen Neigung zu folgen. Wer glaubt, daß das nie vorkommen wird, unterstellt, daß der Mensch von Natur her falsch konstruiert ist, so falsch, daß er, um gut zu handeln, ständig gegen diese Konstruktion ankämpfen muß. Und das wäre weder biologisch noch theologisch verständlich.

Schillers Frage könnten wir also so beantworten: Es

ist Pflicht, seine Neigungen zu überprüfen, um gut zu handeln, nicht aber grundsätzlich tugendhaft, ihnen entgegen zu handeln. Oder anders formuliert: Moralanaloges Verhalten wird beim Menschen nicht einfach dadurch moralisch-relevantes Verhalten, daß man es mit negativem Vorzeichen versieht, sondern dadurch, daß man ihm überhaupt ein ethisches Vorzeichen gibt, und das kann auch ein positives sein.

Eigentlich sollte man das von vornherein erwarten, denn man weiß ja aus Erfahrung, daß der »gesunde Menschenverstand« dem »instinkthaft« guten Handeln nicht weniger vertraut als dem kategorischen Imperativ. Schon bei der Wahl seiner Freunde bevorzugt man diejenigen, deren freundschaftliches Verhalten nicht rein vernunftmäßigen Erwägungen entspringt, sondern der natürlichen Zuneigung. Man hat lieber mit Menschen zu tun, die schon aus natürlicher Neigung sozial handeln, als mit solchen, die sich selbst unter den Bedingungen des Alltagslebens ständig mit moralischer Verantwortlichkeit zügeln müssen.

Häufig nennt man auch als Beispiel für den Wert instinktiven Handelns beim Menschen die Situation, daß ein Kind ins Wasser gestürzt sei und man dann doch selbstverständlich von jedermann erwarten müsse, daß er bereit sei, dem Kind, »ohne zu überlegen«, nachzuspringen. Daraus kann man sogar dem vernünftigen Überlegen einen Strick drehen. Denn wollte einer sich die Sache erst reiflich überlegen und spränge dann erst, so sei das Kind inzwischen wahrscheinlich ertrunken. Wäre dieser verspätete Rettungsversuch, wenn auch weniger wirksam, aber wirklich weniger verdienstvoll? Sind die blinden Neigungen am Ende von sich aus eher ethisch gut als böse? Auch das nicht. Das Beispiel vom ins Wasser gefallenen Kind zeigt lediglich, daß es richtig sein kann, unreflektiert den natürlichen Neigungen zu folgen; es zeigt aber nicht, daß unreflektiertes Handeln an sich gut und richtig ist. Kaschiert wird der Unterschied durch die in diesem Fall gebotene Eile. Die kann aber in anderen Fällen durchaus üble Folgen haben. Wer kennt nicht die gern geschilderte tragische Situation eines »Helden«, der aus natürlicher Neigung, dem Freund in Gefahr zu helfen, ohne Überlegung schießt oder etwas Vergleichbares tut, ohne auf Einzelheiten der Situation zu achten, an denen er hätte erkennen können, daß sein Schießen den Freund in noch größere Gefahr, wenn nicht gar ums Leben bringt.

Da es nun aber nachweislich viele Situationen gibt, in denen man sich rasch entscheiden muß, man also keineswegs immer – ja vielleicht nicht einmal besonders häufig – Zeit und Gelegenheit hat, zu einer bevorstehenden Handlung alle Grundsatzerwägungen anzustellen, die möglich sind, braucht man Richtlinien, Normen, welche die Entscheidung im akuten Fall erleichtern. Ich will also keineswegs dem unüberlegten Handeln das Wort reden oder das Überlegen in Mißkredit bringen, nur weil es Zeit kostet. Vielmehr sollte man überlegen, solange man Zeit dazu hat, und nicht erst, wenn im Notfall die Zeit drängt. Auch die normierenden Richtlinien für unsere Einzelentscheidungen kommen ja durch reifliches Überlegen zustande; sie sollten es wenigstens. Und sie nehmen, in Ruhe erwogen, die Form wohlüberlegter Gebote an, so wie die vorher zitierten. Solche Richtlinien müssen notwendig allgemein gehalten sein, damit sie für mehr als einen Spezialfall hilfreich sind. Man wird dafür also die Form apodiktischer Sätze wählen, die mit »Du sollst...« beginnen und das Ziel angeben, und nicht eine Kasuistik, die Einzelfälle und ihre Folgen beschreibt, etwa in der Form »Wenn jemand dies oder das tut, dann...«. Eine solche Fall-Sammlung könnte ja nie alle möglichen Fälle enthalten, wäre also eher historisch als ethisch wertvoll.

Für den Biologen allerdings ist die Kasuistik interessant. Denn so, wie er das tatsächliche Verhalten möglichst vieler Tierarten und die ihm zugrunde liegenden moral-analogen Gesetzmäßigkeiten beschreibt und vergleicht, so möchte er es aus methodischen Gründen auch mit dem menschlichen Verhalten tun. Und wenn er auch in diesem Fall die allgemeine Formulierung sittlicher Gebote vorher kennt, so möchte er doch aus konkreten Einzelfällen erfahren, wie die allgemeine Weisung des Gebotes ausgelegt wird. Dabei stellt sich dann heraus, daß allgemein bei höheren Tieren z. B. die Beziehung der zeugenden Elterntiere zueinander moral-analog geregelt ist, so daß Einmischungen von Außenstehenden in die Partnerbeziehung verhindert sind. Es stellt sich aber auch heraus, daß diese Regelung von Art zu Art und mitunter sogar innerhalb derselben Art je nach Umständen verschieden aussieht, ähnlich wie beim Menschen Ehebruch allgemein verpönt ist, es aber von Volk zu Volk und mitunter innerhalb desselben Volkes je nach Umständen verschieden ge-

regelt sein kann, was als Ehebruch gilt, je nachdem, ob es sich um ein monogames System, ein Haremssystem oder ein System mit Vielmännerei handelt.
Die inzwischen weiter fortgeschrittenen Untersuchungen an tierischen Sozietäten haben gezeigt, daß es immer wiederkehrend bestimmte kritische Stellen im Sozialleben gibt. Und das sind folgende:

1. Traditionsübermittlung und Autorität, die Beachtung der Alten.
2. Das Töten von Artgenossen.
3. Die sexuellen Partnerbeziehungen.
4. Besitz und Eigentum.
5. Zuverlässige, »wahre« Verständigung.

Es ist unübersehbar, daß gerade diese wunden Punkte der Sozietäten auch durch unsere Gebote markiert sind. Das Sozialverhalten der Tiere ist wie durch Gebote geregelt, und die Verhaltensforschung ist unter anderem darum bemüht, herauszufinden, welches die physiologischen und anderen biologischen Gesetzmäßigkeiten dieses moral-analogen Verhaltens sind.

Ökologische Ethologie des Menschen — Wer ist unser Nächster?

Die sieben auf Mitmenschen bezogenen der insgesamt zehn Gebote lassen sich bekanntlich in einem zusammenfassen: Du sollst deinen Nächsten lieben wie dich selbst! Daß dem Schwierigkeiten entgegenstehen, beruht ebenfalls auf biologischen Gesetzmäßigkeiten und hat Parallelen im Tierreich. Man könnte hier von »amoral-analogem« Verhalten sprechen, und ich möchte das kurz erörtern, weil es eine Form der schon erwähnten Abhängigkeit menschlichen Sozialverhaltens von Umweltbedingungen illustriert.

Nah verwandte Tierarten, die an ihre Umwelt nahezu gleiche Ansprüche stellen (dasselbe Futter, dieselben Schlafplätze, dieselben Nistorte usw. brauchen) und sich deshalb laufend Konkurrenz machen würden, können nur nebeneinander existieren, wenn sie wenigstens in einigen Sonderbereichen verschieden spezialisiert (etwa zu verschiedenen Tageszeiten aktiv) sind und sich da als Konkurrenten aus dem Wege gehen. Sie bilden, wie man sagt, verschiedene ökologische Nischen. Je näher sie verwandt sind, desto leichter könnten sie sich kreuzen, doch würden dadurch die Spezialisierungen wieder vermischt und die Unterschiede rückgängig gemacht. Beide Arten bleiben nur erhalten, wenn sie Mischlingsbildung vermeiden. Das führt regelmäßig zu kreuzungsverhindernden Mechanismen in den Gebieten, wo solche Vermischungen möglich sind. Arten, die nur in einem kleinen Teil ihres gesamten Verbreitungsgebietes gemeinsam vorkommen, sind dann oft da, wo sie sich treffen, deutlicher voneinander verschieden, als da, wo nur eine von ihnen vorkommt und keine Verwechslungsgefahr besteht. Diese »Kontrastbetonung« betrifft z. B. bei vielen amerikanischen Krötenarten die Balzrufe der Männchen, die sich im Überlappungsgebiet zweier Arten deutlich, im sonstigen Verbreitungsgebiet aber kaum voneinander unterscheiden.

Dieselbe Tendenz zur Kontrastbetonung kann man am Menschen beobachten, auch wenn die betonten Merkmale dann nicht angeboren sein müssen. Wie das mit den ökologischen Faktoren verknüpft und biologisch sinnvoll ist, sei an wenigstens einem Beispiel erläutert: Die Ureinwohner Australiens leben in Stammesgruppen, die durch folgende Eigenschaften charakterisiert sind: 1. jede Gruppe bewohnt und »besitzt« ein bestimmtes Gebiet; 2. sie hat eine eigene Sprache oder einen eigenen Dialekt; 3. sie hat Bräuche und Gesetze, die sich mehr oder weniger von denen der Nachbarn unterscheiden. Diese Menschen waren bisher (und die Letzten sind es noch) Sammler und Jäger, die den ganzen Tag mit der ganzen Familie auf Nahrungssuche waren und es so fertigbrachten, auch in den unwirtlichsten Gebieten zu überleben. Professor Elkin [12] von der Universität in Sydney hat diese Stämme jahrzehntelang studiert. Er fand unter anderem, daß jeder

Stamm fünf bis sieben, meist verschieden lange Jahreszeiten unterscheidet und mit einem Namen kennzeichnet, der angibt, welches Wetter herrscht und welche Nahrung zu dieser Zeit am besten zu haben ist: Für die Bewohner von Arnhem-Land um Maroboy sind das: 1. Juni – Juli, Honig; 2. August – Oktober, späte Trockenzeit; 3. November – Dezember, erster Regen, erste Früchte; 4. Januar – März, Regenzeit, Yamswurzeln; 5. April, Wild; 6. Mai, kühle Westwinde. Für die Leute vom Swan-River in Westaustralien sind es: 1. Juni – Juli, Jetta-Wurzeln; 2. August – Oktober, Orchideenwurzeln; 3. Oktober – November, Jungvögel; 4. Dezember – Januar, Eidechsen, Bronzeflügeltauben; 5. Februar – März, Meeräschen, Forellen; 6. April – Mai, Schilfwurzeln, im Sand eingegrabene Frösche. Was man wann suchen muß, hängt davon ab, wann in der betreffenden Gegend die Regen- und die Trockenzeiten liegen und ob es sich um Küste, Flußgebiete oder Trockensteppe handelt. In der heißesten Jahreszeit fangen die Bard-Leute auf einer Halbinsel in Arnhem-Land Schildkröten, die 200 Meilen westlich bei La Grange in Kimberley lebenden Karadjeri aber Känguruhs. Oder: Im April gibt es um Maroboy viel Wild, am Swan-River dagegen Schilfwurzeln und Frösche.

Was wann zu suchen ist, lernt jeder von den erfahrenen Älteren seiner Gruppe, und sein Leben hängt davon ab, daß er es lernt und behält; das Leben seiner Kinder hängt davon ab, daß er sie richtig unterweist. Wollte ein Bard in Arnhem-Land nach dem Vorbild der Karadjeri in der heißen Jahreszeit auf Känguruhs warten, würde er vermutlich verhungern. Er wird es aber gar nicht erst versuchen, sondern eher jeden Karadjeri, der ihn zum Känguruhfang ermuntern wollte, für verrückt erklären. Ganz allgemein kann jeder Stamm seine Nachbarn des versuchten Betrugs bezichtigen, weil sie schon in so alltäglichen, allerdings lebenswichtigen Fragen offenkundigen Unsinn reden. Tatsächlich werfen Nachbarstämme einander regelmäßig Hinterlist und betrügerische Absichten vor. Auf die Nachbarn zu hören, ist nicht nur überflüssig, sondern kann sogar gefährlich sein. Und gegen so gefährliche Einflüsse schützt man sich, indem man keine Nachrichten tauscht. Obwohl die australischen Stämme die Sprache auch der Nachbarn verstehen, mitunter sogar sprechen können, meiden sie den Kontakt mit ihnen. Und so kommt es schließlich schon durch die notwendige Anpassung jedes Stammes an seine ökologischen Bedingungen auch hier zu der vorn erwähnten Kontrastbetonung im Überlappungsbereich, die eine Trübung der Anpassung verhindert: Jeder betont *seine* Tradition, *seine* Riten und Gebräuche und weiß über die Nachbarn vorwiegend Schlechtes zu erzählen. Manche Gruppen sagen den Nachbarn sogar kannibalische Praktiken nach, was manchen Forscher erstaunt hat, der, wenn er dorthin ging, zwar nichts dergleichen finden konnte, aber nun dasselbe über die Gruppe hörte, von der er gerade kam.

So berichtet der holländische Ethnologe Professor Oosterwal von den Papuas auf Neuguinea: »Während ich Vorbereitungen für den langen Marsch traf, kamen die Leute aus dem Dorf zu mir und fragten:

›Nana, warum gehst du eigentlich fort? Bleibe doch hier. Geh nicht zu den Waf und den Daranto und den Mander und den Foja. Weißt du, die Waf sind schmutzig und dumm. Es sind schlechte Menschen. Die Daranto sind bösartig. Man darf ihnen nicht trauen. Die Foja kennen wir gar nicht, aber wir haben von ihnen gehört, daß sie wild und grausam wären.‹ Solche und ähnliche Dinge hatten mir die Bora-Bora schon vorher erzählt, aber nun wiederholten sie es mit einem derartigen Nachdruck, daß ich ihnen unwillkürlich glaubte. Jeder sagte es, sogar Djiri und der alte Sama, die immer ein so unparteiisches Urteil hatten.

Als ich, aufs Schlimmste gefaßt, bei den Waf ankam, wurde ich von den Männern des Stammes erwartet, die mir ein großes Stück gebratenes Schweinefleisch als Willkommensgeschenk anboten. Als ich später bei den Foja eintraf, entpuppten sich diese als genauso freundliche, gastliche und hilfsbereite Menschen. Von Grausamkeit war nichts zu bemerken. Sie waren auch nicht schmutziger oder dümmer als die anderen Stämme. Merkwürdigerweise fragten die Waf mich: ›Nana, hattest du keine Angst bei den Bora-Bora?‹ Erstaunt sah ich sie an. Ich kann mir nämlich keine freundlicheren Menschen vorstellen als gerade die Bora-Bora. ›Angst?‹, fragte ich. ›Warum?‹ Die Waf sahen sich bedeutungsvoll an, redeten untereinander und wandten sich dann zu mir: ›Nana, wir wissen, daß die Bora-Bora dumme und grausame Menschen sind.‹ Eine gute Woche nach diesem Gespräch war ich bei den Mander, die sich lang und breit darüber unterhielten, wie minderwertig die Waf und die Daranto seien. Wenn wir abends bei einem hochaufflammenden Holzfeuer saßen und miteinander redeten, drehten sich die Gespräche immer wieder um das Thema: wie vortrefflich sie selbst und wie dumm, grausam und schmutzig die anderen Stämme seien. Die Kinder in den Dörfern hören diese Geschichten tagaus, tagein. Wenn sie erwachsen sind, müssen sie annehmen, daß die Waf und die Daranto faul und dumm und daß die Ségar und die Baguidja schwachsinnig und grausam sind. Und dies ist bestimmend für ihre zukünftige Haltung gegenüber den anderen Stämmen. Je geringer die Verbindung ist, die diese Leute mit anderen haben, um so vortrefflicher finden sie sich selbst; je größer ihre Isolierung ist, um so negativer ist ihr Urteil über andere Stämme. Es ist überall in der Welt dasselbe.«

Solange Einsicht in die biologischen, ökologischen und ethologischen Zusammenhänge fehlt, ist solche Verteufelung der »anderen« – wie immer sie definiert sein mögen – im Dienste des Selbstschutzes nahezu unvermeidlich; und je mehr Möglichkeiten es gibt, den lieben Artgenossen als Konkurrent auszuweichen, in je mehr Bereichen man sich spezialisieren kann, gegen desto mehr andere Gruppen muß man sich absetzen. Je energischer man das tut, desto sicherer vor störenden Einflüssen bleibt die eigene Spezialisierung, desto mehr läuft man aber auch Gefahr, die nur anders spezialisierten Gruppen von Artgenossen als fremd anzusehen und zu behandeln und schließlich zu bekämpfen. Es ist derselbe Vorgang, der auch zur Artenentstehung führt. Da der Mensch wahrscheinlich das am meisten zu unterschiedlicher Spezialisierung neigende Lebe-

wesen ist, sollte er auch die am stärksten zu innerartlichem Gruppenhaß neigende Art sein.
Auch Soziologen wissen, daß Isolierung gegen gruppenfremde Einflüsse die Integration einer Gruppe fördert. »Wer einmal die Rollen gelernt hat, die er in einer Gruppe zu spielen hat, ist daran interessiert, sein Wissen zu beschützen, d. h. es nicht durch widersprechende Vorstellungen stören zu lassen. ... Je stärker der Gruppenegoismus wird, desto stärker wird auch das Mißtrauen oder die Verachtung gegenüber anderen Gruppen. Trotz aller gegenteiligen Versicherungen ist Nationalstolz stets von der Abwertung anderer Nationalitäten begleitet, führt Rassenstolz zur Verachtung der Andersrassigen oder Solidarität unter Einzelhändlern oder Fabrikarbeitern zu Mißtrauen gegen andere Gruppen. ... Eigene Schlagwörter, Bezeichnungen für die eigene und für andere Gruppen, ein eigener Jargon gehören zu den Mechanismen, durch die Gruppen ihr Zusammengehörigkeitsgefühl stärken und sich anderen gegenüber abkapseln. Verbrecher haben ebenso ihre eigene Sprache wie Wissenschaftler oder Rocker oder Anarchisten oder die Eingeweihten aller Religionen.«[57] Daß Gruppen ihre Nischen finden, gilt also nicht nur in bezug auf die klimatisch-landschaftliche Umwelt, sondern auch in bezug auf ihre weitere soziale Umwelt, und immer zeigt sich das dann in der Sprache. Die Sprache beeinflußt aber das Denken; denn sie ist ja nicht nur eine Sammlung nützlicher Benennungen, sondern spiegelt und formt Denkkategorien. Das Experiment der katholischen Arbeiterpriester in Frankreich wurde auf päpstliche Anordnung abge-

brochen, weil die Priester zu sehr wie ihre Arbeits- und Feierabend-Genossen in den Fabriken zu denken begannen.
Natürlich hält jede Gruppe ihre eigenen, oft lebensraum-gebundenen Regeln und Normen für schlechthin moralisch und baut »Vor-Urteile« – die wirkliche Urteile verhindern können – zur Abschirmung gegen die Regeln und Normen anderer Gruppen auf. »In den Nordzonen begegnen wir Völkern mit wenig Lastern, genügend Tugenden, viel Ehrlichkeit und Offenheit. Nähern wir uns den Ländern des Südens, so haben wir den Eindruck, daß wir uns von der Moral selbst entfernen« – schrieb 1748 Charles de Montesquieu (selbst ein Bewohner der »Nordzonen«) in seinem berühmten staatsphilosophischen Werk ›Vom Geist der Gesetze‹.
Dieser anfänglich unbewußten Tendenz entgegen zielt das nur bewußt befolgbare Gebot der Nächstenliebe, wobei jeder Artgenosse unser Nächster ist. Es gibt typische menschliche Schwierigkeiten und Möglichkeiten bei der Befolgung dieses Gebotes; es gibt aber auch rein biologisch sowohl Hindernisse wie Hilfen, und gerade das soll in den folgenden Kapiteln näher ausgeführt werden. Daß es überhaupt ein Gegeneinander der Tendenzen gibt, sich zu spezialisieren, gegen die anderen abzusondern und doch in jedem Menschen den Bruder zu sehen, ist in allen mir bekannten Gruppen, gleichgültig auf welcher Grundlage sie entstanden sind, bemerkbar; selbst Paulus empfiehlt: »Tuet Gutes allen, besonders aber den Glaubensgenossen.«

Exkurs
Was heißt »sozial«?

Vielleicht haben die vorn verwendeten Bezeichnungen »Sozietät«, »soziales Verhalten« usw. beim einen oder anderen etwas Unbehagen ausgelöst, vielleicht sind sie aber auch wie selbstverständlich hingenommen worden, obwohl bisher nicht klar gesagt wurde, was damit gemeint ist, und tatsächlich Verschiedenes gemeint sein könnte, je nachdem in welchem Forschungszweig die Begriffe verwendet werden.

Ein Botaniker kann Pflanzensoziologie betreiben; dann interessiert er sich für Pflanzensozietäten. Eine Pflanzensozietät umfaßt alles, was an einem bestimmten Standort wächst; »Sozietät« betont hier also das Zusammen-Vorkommen *verschiedener* Arten: Pflanzensoziologie umfaßt vorwiegend zwischenartliche Beziehungen.

Tiersoziologie hingegen umfaßt innerartliche Beziehungen, da tierische Sozietäten – wie schon Espinas[13] herausfand – regelmäßig aus Individuen gleicher Art bestehen. Das wird damit zusammenhängen, daß Tiere frei beweglich sind und sich ihre Nachbarn auswählen können.

»*Die* Soziologie«, ohne erklärendes Beiwort, bezieht sich ebenfalls auf Gruppen von artgleichen Individuen, jedoch nur einer ganz bestimmten Art, nämlich des Menschen. Von sozialen Beziehungen spricht man im Pflanzenreich nicht, und auch im Tierreich nur da, wo die Individuen sich unabhängig voneinander umherbewegen können; Korallenstöcke oder Moostierchen-Kolonien wirken wie Pflanzen und scheinen kein Sozialverhalten zu haben. – Im deutschen Sprachgebrauch meint man mit sozialen Beziehungen vorwiegend solche zwischen Artgenossen, im Englischen heißt jede Beziehung »sozial«, die mehr als ein Individuum umfaßt. Das können auch Individuen verschiedener Arten sein, obwohl auch hier bisher vorwiegend Beziehungen zwischen Artgenossen untersucht wurden.

Entsprechend ist bei uns mit »Sozialverhalten« alles Verhalten gemeint, das allen Beteiligten Vorteile bringt und auf Artgenossen gerichtet ist, im Englischen zuweilen auch Verhalten zwischen Symbiosepartnern verschiedener Arten. Sozialverhalten gibt es also bei allen Arten, wenn sie nur wenigstens eine aufs Weibchen gerichtete Balz, einen Kampf zwischen Rivalen oder irgendeine Form der Bezugnahme zwischen Eltern und Nachkommen zeigen. Das ist bei fast allen dem Laien bekannten Tieren der Fall.

Soziale Tiere hingegen sind solche, deren Leben überwiegend durch Sozialverhalten ausgefüllt ist, die also Sozietäten bilden. Hierunter fallen Fischschwärme, Insektenstaaten, Dauerfamilien mancher Affen usw.

Mißverständlich wird es, sobald man – wie zuweilen in der Verhaltensforschung üblich – statt »Sozialverhalten« etwa »soziales Verhalten« sagt. Das verlockt nämlich, den Gegensatz zu »sozial« zu suchen, und der kann heißen »nicht-sozial« oder »asozial«. »Nicht-sozial« ist neutral beschreibend und steht in der Verhaltensforschung einfach für »nicht auf Artgenossen bezogenes Verhalten«. Von der menschlichen Soziologie her heißt »sozial« aber meist »bewußt auf die Förderung der Mitmenschen gerichtet« und hat einen moralisch bewertenden Beigeschmack, so deutlich, daß rein instinktives, auf den Mitmenschen bezogenes »moralanaloges« Verhalten, wie es der Verhaltensforscher untersucht und als Sozialverhalten klassifiziert, nicht als »soziales Verhalten« aufgefaßt wird. Daher rühren viele Mißverständnisse zwischen Verhaltensforschern und Soziologen, zwischen Tiersoziologen und Humansoziologen. Bei den Bezeichnungen »unsozial« oder »asozial« steht dementsprechend nicht die fehlende soziale Bezugnahme des Handelnden, sondern die schädigende Auswirkung auf den anderen oder auf die Gesellschaft im Vordergrund. Was man »unsozial« nennt, verdiente ja meist, »anti-sozial« genannt zu werden. (Wohingegen die anti-autoritäre Erziehung eigentlich un-autoritäre Erziehung heißen müßte; aber miese Wortbildungen scheinen besonders lebenskräftig zu sein.)

Begriffsverwirrungen dieser Art sind wahrscheinlich unvermeidbar. Es hat jedenfalls keinen Zweck, so zu tun, als sprächen alle Wissenschaftszweige dieselbe Sprache.

Teil 2

Die innerartliche Aggression — Du sollst nicht töten

Eine der ältesten und trotzdem auch heute noch meist diskutierten ethischen Vorschriften ist das Gebot: »Du sollst nicht töten.« Die Diskussion entzündet sich aber nicht am darin ausgedrückten Prinzip, sondern an den Ausnahmen, die sich vor allem auf das Töten im Krieg und in Notwehr, auf die Todesstrafe, die Euthanasie, die Abtreibung und den Selbstmord konzentrieren.

Wenn wir die Formulierung des Gebotes im Dekalog beachten, so fällt auf, daß für »töten« ein spezielles Verbum benutzt wird, das nie für die Tötung des Kriegsgegners oder für die Hinrichtung eines durch das Gericht zum Tode Verurteilten steht, sondern immer nur da, wo es um das Töten oder Morden eines persönlichen Gegners geht. Das alte Israel kannte ja durchaus die Todesstrafe und ebenso den – sogar von Gott gebotenen! – Krieg; selbst die Blutrache war (und ist heute noch in Transjordanien) legitim. Das Gebot richtet sich also gegen das schrankenlose, ungesetzliche Töten; auch die Blutrache sollte in gesetzlichen Bahnen verlaufen: »Leben um Leben, Auge um Auge, Zahn um Zahn, Hand um Hand, Fuß um Fuß, Brandmal um Brandmal, Wunde um Wunde, Strieme um Strieme« (Ex 21, 23 f).

»Indessen will es im Fall eines Todesurteils niemand auf sich nehmen, der Vollstrecker zu sein. Jeder wirft seinen Stein oder gibt seinen Streich mit dem Beil, aber jeder vermeidet sorgsam, den Todesstreich zu versetzen. In einer späteren Epoche ersticht der Priester das Opfer mit einem geweihten Messer; noch später ist es der König, bis die Zivilisation den bezahlten Henker erfindet. Ein Überrest dieser Stammessitte ist in militärischen Exekutionen bis in unsere Zeiten am Leben geblieben. Um die Mitte des neunzehnten Jahrhunderts war es üblich, die Gewehre der zwölf Soldaten, die dazu bestimmt waren, das Opfer zu erschießen, mit elf scharfen und einer Platzpatrone zu laden. Da die Soldaten nie wußten, wer von ihnen die letztere hatte, konnte jeder von ihnen sein aufgeregtes Gewissen damit trösten, daß er dachte, er sei keiner von den Mördern.«[28] Das Gewissen bleibt also selbst dem rechtlich erlaubten Töten von Artgenossen gegenüber nicht gleichgültig; der »Pflicht-Mörder« sucht Zuflucht in der gleichgeschalteten Masse; und der einzelne quält einen Mitmenschen eher, als daß er ihn rasch tötet.

Das alles kann man als Hinweis darauf nehmen, daß es beim Menschen eine Tötungshemmung gibt. Daß sie instinktiv sei, kann man daraus freilich noch nicht ableiten. Wenn aber im Tierreich eine instinktive Tötungshemmung allgemein anzutreffen ist, sollte man erwarten, daß sie beim Menschen zumindest in Resten erhalten ist und nicht, daß sie gerade bei der Menschwerdung ausgemerzt wurde.

In diesem Bereich wird man am ehesten hoffen, daß

der Biologe dem Theologen Hilfestellung leistet, denn das Tötungsverbot entspringt besonders deutlich auch dem Naturrecht und den Naturgesetzen der Arterhaltung.

Es ist niemals bezweifelt worden, daß sich das Tötungsverbot auf Artgenossen bezieht, vom Menschen aus gesehen also auf Mitmenschen. Und wenn man auch gefühlsmäßig oft eine Grenze zwischen anonymen und bekannten Menschen zieht, so fallen doch Tiere, also Nicht-Menschen, sicher nicht unter das Tötungsverbot (Totemtiere und dem Menschen ähnlich eng verbundene Lebewesen ausgenommen).

Deshalb liegt es nahe, als Argument vom Biologen die Grundregel der Arterhaltung zu übernehmen. Jede Tötung eines Artgenossen läuft der Arterhaltung zuwider, sollte also generell unbiologisch sein. Tatsächlich beruht der Erfolg von Konrad Lorenz' Buch ›Das sogenannte Böse‹, mit dem Untertitel ›Zur Naturgeschichte der Aggression‹ [36], gerade auf diesem ungemein plausiblen Grundargument: Lebewesen, die imstande sind, gleichgroße Lebewesen umzubringen, brauchen spezielle Mechanismen, die verhindern, daß diese Lebewesen mit Rivalen ebenso verfahren und sich dadurch selbst ausrotten. »Die arterhaltende Zweckmäßigkeit – (und damit Notwendigkeit) – eines solchen Hemmungsmechanismus ist ebenso offensichtlich wie die Unzweckmäßigkeit des Umbringens von Artgenossen«, sagt Lorenz.

Für unsere Überlegungen allerdings wird es zweckmäßig sein, eine mäßige Allergie gegen das Wort »offensichtlich« zu entwickeln. Es kommt ja gerade darauf an, nach Gemeinplatz klingende Grundregeln zu hinterfragen. Suchen wir also nach dem Sinn der in diesem Zusammenhang am häufigsten vorkommenden Schlagworte. Es sind die Begriffe: »das Böse«, »die Aggression« und »der Artgenosse«.

Drei Fragen

1. *Kann der Biologe mit dem Begriff »das Böse« etwas anfangen?* Grundsätzlich nein. Er kann zwar richtige und falsche Verhaltensweisen unterscheiden, wenn er sie daran mißt, ob sie für das Überleben des Individuums oder der Art nützlich oder schädlich sind. Eine ethische Wertung nach gut und böse aber ist ihm unmöglich; die mit naturwissenschaftlichen Methoden gewonnenen Erkenntnisse bleiben stets diesseits von Gut und Böse. Wohl aber kann der Naturwissenschaftler versuchen, ursächliche Erklärungen für Verhaltensweisen zu finden, die von anderer Seite als gut oder böse deklariert wurden. Die Frage, wie weitgehend das biologische Bezugspaar »richtig–falsch« mit dem ethischen »gut–böse« übereinstimmen sollte, läßt sich nur in biologisch-theologischer Zusammenarbeit beantworten. (Dem entgegen steht vorerst noch die nicht sauber durchgearbeitete Methodik der Normenfindung auf seiten der Theologie; während die Biologen ihre theologischen Kollegen mit heftiger Normenkritik bedenken, steht unter den Theologen augenblicklich die Methodenkritik im Vordergrund. Deswegen ist für eine

Zusammenarbeit vermutlich das Aufzeigen ethologisch-ethischer Parallelen gedeihlicher als bloße Kritik an irgendwelchen Schlußfolgerungen.)

Wenn man das Umbringen von Artgenossen böse nennt und der Aggression zuschreibt, kann der Naturwissenschaftler die Ursachen für solche böse Aggression suchen. Die gestellte Aufgabe, die Ursachen für die böse Aggression zu suchen, bringt den Biologen und speziell den Zoologen sofort auf eine ganz bestimmte Methodik, mit der er auch sonst »störende Merkmale« untersucht, solche also, die keinen biologischen Sinn ergeben. Zum Beispiel gibt es Höhlenfische, die in ständiger Finsternis leben und dennoch Augen haben, aber Augen, denen die Linse fehlt oder die sonst so deformiert sind, daß der Fisch, selbst wenn es in den Höhlen Licht gäbe, damit nichts sehen könnte. Wozu also sind diese Augen gut? Weshalb hat sie das Tier überhaupt? Wozu haben wir einen Blinddarm? Wozu entwickelt der junge Wal Zähne, die er vor der Geburt wieder verliert? In allen solchen Fragen steckt die Annahme, daß der Organismus seinen Lebensbedürfnissen angepaßt ist, daß die Struktur einer geforderten Leistung entspricht und daß man sich folglich über jede Inkongruenz zwischen Struktur und Leistung wundern und eine besondere Erklärung dafür suchen muß.

Angespornt durch Idealvorstellungen von der Schöpfung kann man mit dieser Fragestellung ziemlich weit kommen. Wer etwa davon schwärmt, wie wundervoll das menschliche Auge beschaffen sei, und wen gar die Überzeugung beschleicht, man könne seine Entstehung auf natürlichen Wegen allein nicht erklären, wird, wenn er sich den Bau des Auges genau ansieht, fragen müssen, warum in der Retina die lichtempfindlichen Zellen vom Licht weg zeigen, so als hätte man in einer Kamera den Film falsch herum, also mit der Rückseite nach vorn, eingelegt. Da der Forscher sich jede Konstruktion beliebig ideal vorstellen kann, braucht er dann Erklärungen für jede Abweichung von diesem Ideal und hat damit eine reiche Quelle für Fragestellungen.

Ohne die Grundannahme der Anpassung aufzugeben, findet man die Antwort meist in der Entwicklungsgeschichte; die Lebewesen sind in bestimmten Merkmalen den heutigen Anforderungen *noch nicht* oder *nicht mehr* angepaßt. Das ist plausibel, schon weil es der Erfahrung der Tierzüchter entspricht. Kein Lebewesen ändert sich schlagartig in allen seinen Teilen; vielmehr entwickelt es sich mosaikartig. Hühnerrassen etwa behalten zwei Beine und Federn und einen Schwanz, aber ihre Farbe oder ihre Größe oder ihre Legeleistung ändern sich. Und das braucht Zeit; wer ein wildes Bankivahuhn fängt und einsperrt, kann weder bei ihm noch bei seinen Jungen schon die Eierproduktion einer Leghornhenne erwarten. Das Bankivahuhn ist den Anforderungen, die wir an ein Haustier stellen, noch nicht angepaßt; umgekehrt ist die Leghornhenne als Haustier den Anforderungen des Wildlebens nicht mehr gewachsen.

Auf dieselbe Weise erklärt Lorenz die heute störende Aggression als eine »historische Belastung«, als eine Eigenschaft, die dem Menschen in seinen Urtagen nützlich war, als er noch in rivalisierenden Horden umherzog, und die er heute immer noch hat, die aber zu der modernen Lebensweise in dichtbesiedelten Gebieten nicht paßt. Solche Eigentümlichkeiten, die aus der Vorgeschichte des heutigen Menschen stammen und die es mit sich bringen, daß der Mensch noch nicht gut genug, d. h. noch nicht gut genug *angepaßt* ist, kann der Biologe zum »sogenannten Bösen« rechnen, auch die Aggression. Voraussetzung dafür ist freilich, daß diese Eigentümlichkeit quasi unverlierbar ist, also entweder direkt im Erbgut verankert (angeboren) ist oder als Beiprodukt der heutigen (möglicherweise seit Vorzeiten übernommenen) Form sozialer Beeinflussung während der individuellen Entwicklung ständig neu entsteht.

Meist gilt nicht die Aggression an sich, sondern die übertrieben hohe Aggression als böse; etwas Aggression, etwas Rivalisieren, Durchsetzvermögen, Selbstbehauptung halten die meisten Menschen auch heute für notwendig. Historischer Ballast, dessen Herkunft zu prüfen wäre, ist also die »Menge« an Aggression, die vorhanden und vielleicht schwer zu reduzieren ist. Verschiedene Forscher vermuten nach einem bestimmten Instinkt- oder Triebkonzept eine in typischer Menge automatisch produzierte Aggressionsenergie. Das wird auf S. 118 weiter erörtert; vorab sind noch einige andere Fragen zu klären.

2. *Was ist ein Artgenosse?* Eine Art ist die Gesamtheit der natürlichen Populationen, die zusammen eine exklusive Fortpflanzungsgemeinschaft bilden. Mitglieder dieser Populationen erzeugen unter natürlichen Bedingungen nur miteinander Nachkommen, nicht aber

mit den Mitgliedern anderer Populationsgruppen. Da aber nicht jedes Individuum tatsächlich mit jedem anderen Nachkommen erzeugt, sondern nur mit einigen wenigen des entgegengesetzten Geschlechts und der richtigen Altersklasse, ist bei der Art-Definition die potentielle Fortpflanzungsgemeinschaft gemeint.

Es braucht eine große Übersicht, um diejenigen Individuen zu bestimmen, die eine potentielle Fortpflanzungsgemeinschaft bilden. Lorenz[34] hat im Jahre 1935 hervorgehoben, daß allein der Mensch diese Übersicht gewinnen und diese Klassifizierung vornehmen kann, daß es deshalb für die Tiere »den Artgenossen« gar nicht gibt. Das Tier findet einen Partner zum Kämpfen, einen anderen zum Balzen, wieder einen anderen zum Brutpflegen, und Lorenz nannte ihn den Kampf-Kumpan, Balz-Kumpan, Brutpflege-Kumpan usw. Da für das Tier der Artgenosse in viele verschiedene Sozialkumpane unterteilt ist, kann man nicht erwarten, daß es eine allgemeine Hemmung gibt, den Artgenossen zu töten. Tatsächlich gibt es verschiedenerlei Hemmungen, die das Töten entweder des Geschlechtspartners oder des Kampfpartners oder der Jungen verhindern. Aber nicht jedes Individuum hat alle diese Hemmungen. Bei Fischen, deren Männchen sich nicht an der Brutpflege beteiligen, findet man zwar einen spezialisierten Kommentkampf, in dem der Schwächere nicht umgebracht wird; dieselben Männchen verspeisen aber ihre eigenen Jungen, falls sie ihnen irgendwo begegnen. Artgenossen, die krank sind oder sich aus irgendeinem Grund ungewöhnlich benehmen, können wie Artfremde angegriffen und gegebenenfalls getötet werden. Bei Arten mit spezialisiertem Kommentkampfverhalten geschieht das manchmal auch dem, der die »Regeln« nicht einhält. Ich habe schon früher darauf hingewiesen, daß kommentkämpfende Tierarten daneben auch zum Beschädigungskampf fähig sind. Unter dazu nicht fähigen Artgenossen würde nämlich das erste Individuum, das zum Beschädigungskampf fähig ist, sofort gewinnen; es würde alle Rivalen besiegen und den Beschädigungskampf damit (wieder) einführen[69]. »Aequalitas non parit bellum« – Nur Gleichheit führt nicht zum Krieg. Wettrüsten zwischen Rivalen, von denen jeder überleben will, läßt sich auch biologisch begründen, und zwar nicht nur obwohl, sondern sogar damit jeder hoffen kann, daß der Friede nie gebrochen wird. Natürlich gibt es im Tierreich auch Kämpfe, die darum stets unblutig ausgehen, weil die Art über keine gefährlichen Waffen-Organe verfügt. Obschon auch solche Kämpfe geregelt verlaufen können, hat es doch wenig Sinn, sie zu den Kommentkämpfen zu zählen. Diese Bezeichnung sollte reserviert bleiben für die Turniere solcher Arten, die daneben auch einen Beschädigungskampf haben.

Die Kenntnis des Sozialkumpans ist ferner nicht immer angeboren, sondern wird oft erlernt. So kann es geschehen, daß ein Brutparasit seine Pflegeeltern als Sozialkumpan kennenlernt, obwohl sie zu einer anderen Tierart gehören. Wenn sich andererseits verschiedene Gruppen derselben Art in ihren Gruppenkennzeichen unterscheiden und wo solche Kennzeichen des Sozialkumpans erlernt werden, dort werden Vertreter fremder Gruppen wie Artfremde behandelt. Eine Biene, die in einen fremden Stock gerät, wird wegen ihres »falschen« Stockgeruchs umgebracht. Artgenossen können einander also nicht nur wegen verschiedener ökologischer Anpassungen (wie vorn S. 75 erwähnt), sondern auch wegen verschiedener Gruppenkennzeichen für Fremde halten.

Es gibt viele Tierarten, bei denen nur die Männchen, nicht aber die Weibchen einen ausgeprägten Kommentkampf haben; Eibl-Eibesfeldt[10] nennt als besonders deutliches Beispiel dafür die Meerechsen von Galapagos. Andere Arten zeigen erst von einem bestimmten Alter an eine deutliche Hemmung, Artgenossen zu schädigen oder zu töten. Halbwüchsige Junge der afrikanischen Buntbarsch-Art *Lamprologus congolensis* beispielsweise sind ausgesprochene Baby-Fresser, haben aber ab ihrer Geschlechtsreife die normale Hemmung, artgleiche Junge zu fressen, obwohl sie in ihrer Jugend die Erfahrung machten, daß man solche Jungen fressen kann.

Die Tötungshemmung gegenüber Artgenossen kann aber nicht nur geschlechts- und altersabhängig, sondern auch stimmungsabhängig sein. Am bekanntesten ist der plötzliche hemmungslose Angriff eines Tieres, das sich in die Enge getrieben fühlt. »Bedränge keinen in die Enge getriebenen Feind«, lehrt schon im 4. Jahrhundert vor Christus der chinesische militärische Klassiker General Sun Tsu; und ein früher Kommentator, Tu Yu, fügt hinzu: »Wie Prinz Fu Ch'ai sagte: ›Wilde Tiere, wenn in die Enge getrieben, kämpfen verzweifelt. Wieviel mehr gilt das für den Menschen! Weiß er, daß es keinen anderen Ausweg gibt, dann kämpft er bis zum Tode‹.«

In diesem Fall fehlt also auch die zur Selbsterhaltung nötige Hemmung, zu weit zu gehen. Aufgebenkönnen ist ebenso wichtig wie die Hemmung, den Rivalen zu töten. Professor Tinbergen, der als berühmter Verhaltensforscher in Oxford in England tätig ist, hat mehrfach betont, daß es biologisch besonders unsinnig ist, wenn der Mensch dieses Aufgeben verpönt und es als heldenhaft preist, standhaft bis in den Tod zu sein[64]. Bezeichnend ist, daß der Mensch es auch Tieren als heldisch anrechnet, wenn sie nicht aufgeben. Die Siamesen züchten seit 1850 den Kampffisch *Betta splendens* und seit 1863 den kleinen Halbschnabelhecht *Dermogenys pusillus* zu Kampfzwecken, so wie man Kampfhähne und Kampfstiere züchtet. Ausgelesen wird in allen Fällen auf die Eigenschaft, im Kampf nicht aufzugeben. Wilde Kampffisch-Männchen wie Halbschnabelhechte kämpfen selten länger als 15–20 Minuten, hochgezüchtete Kämpfer dagegen über 6 bis 24 Stunden. Die Kampfweisen haben sich nicht geändert. Aber da möglichst ausgewogene Rivalen gegeneinander gesetzt werden, wird der Kampf regelmäßig nach Punkten entschieden. »Das Zuchtziel ist, die Grenze, wann einer zu fliehen beginnt, immer weiter hinauszuschieben, so daß die Tiere vorher Zeit genug haben, sich die Flossen nicht mehr nur zu beschädigen, sondern (unbiologisch!) ganz auszurupfen.«[72]

Beim Halbschnabelhecht treten im Kampf fast nie Verletzungen auf, aber oft stirbt einer der Kämpfer anschließend an völliger Erschöpfung. Selbstmörderische Tendenzen drohen also nicht nur bei Arten mit besonders gefährlichen Waffen; Aufgebenkönnen ist für alle überhaupt rivalisierenden Individuen wichtig, gleichgültig, ob sie den Gegner beschädigen können oder nicht. Deswegen findet man turnierhafte Kämpfe auch bei Tierarten, deren Individuen einander aus Mangel an Waffen gar nichts antun können, wie z. B. bei vielen Karpfenfischen. Gerade solche Kämpfe, bei denen nichts passiert, könnten ja schier endlos weitergehen. Dabei richtet nicht einer den anderen, sondern jeder sich selbst zugrunde, wenn er nicht rechtzeitig aufgibt und flieht. Entsprechend treten in den Kämpfen dieser Karpfenfische viele formalisierte Fluchtelemente auf. Dieselben Überlegungen gelten natürlich für den ungefährlich gewordenen Kommentkampf bei Arten mit gefährlichen Waffen. Auch diese Kämpfe dauern regelmäßig ein Vielfaches länger als die Beschädigungskämpfe einer vergleichbaren (oder gar derselben) Art.

Betrachten wir statt des abstrakten »Artgenossen« die verschiedenen Sozialkumpane, die gefährdet sein können, so gibt es unter Einbeziehung des handelnden Individuums selbst mindestens folgende Möglichkeiten: Selbsttötung, Kindertötung, Altentötung, Geschlechtspartnertötung, Rivalentötung, Fremdentötung. »Tötung« ist dabei immer die äußerste Möglichkeit; aber auch deren Vorstufen, nämlich verschiedenerlei Gefährdungen, sollen möglichst vermieden werden.

a) Selbsttötung

Ob Selbstmord bei Tieren möglich ist, läßt sich solange nicht klären, wie Selbstmord als »bewußte Negierung des eigenen Lebens« definiert wird und man nicht feststellen kann, ob Tiere ein Bewußtsein von sich selbst haben. Daß sie ihr eigenes Leben in Gefahr bringen können, steht jedoch außer Zweifel. Kampf mit Rivalen als eine solche Möglichkeit wurde schon erwähnt. Daneben gibt es aber noch eine Fülle anderer Verhaltensweisen bei Tieren, die zwar der Arterhaltung nützen und die Fortpflanzungs- oder Überlebens-Chancen der anderen erhöhen, nicht aber die des Handelnden selbst. Es kommt ja eben nicht in erster Linie darauf an, selbst zu überleben, sondern Erzeuger von möglichst vielen Nachkommen zu sein. Das Maultier ist gegen viele Unbilden mindestens ebenso widerstandsfähig wie seine Eltern-Arten, Pferd und Esel; seine Selektionsvorteile sind Null, da es steril ist. Von der Selektion her gesehen sind die Geeignetsten schlicht Vater oder Mutter der größten Familie. Wenn allerdings lange Brutpflege nötig ist, um die Nachkommen ihrerseits fortpflanzungstüchtig zu machen, muß man die Eignung eines Individuums eher an der Zahl seiner Enkel als an der seiner Kinder messen.

Immer wird es Vorteile bringen, alles zu tun, was einer Verbreitung des eigenen Genotyps förderlich ist, und alles zu meiden, was dem entgegensteht. Für das Erhaltenbleiben des Genotyps (nicht aber notwendig auch für den individuellen Träger selbst) kann es durchaus vorteilhaft sein, Brutverteidigung bis zur Selbstaufopferung zu treiben. Aus demselben Grunde setzt sich beim Menschen oft diejenige Lehre besonders gut durch, deren Vertreter zum Martyrium bereit sind: wenn ein solches spektakuläres Ereignis diese Lehre bekanntmacht und ihr mehr neue Anhänger verschafft, als sich alte dafür opfern müssen. »Sanguis martyrum semen est christianorum« – Das Blut der Martyrer ist Samen der Christenheit.

Altruismus im Tierreich ist regelmäßig als Hilfe für die Nachfahren zu deuten; Gemeinnutz, der dem Eigennutz vorgeht, ist »Genom-Nutz«. So entstehen Brutverteidigung, Feindwarnrufe (die viele warnen und höchstens einen gefährden) und schließlich bei sozialen Insekten ganze Kasten von Arbeitern oder Soldaten, die selbst zur Fortpflanzung unfähig sind und ausschließlich zur Verbesserung der Fortpflanzungschancen einiger Artgenossen konstruiert sind.

Unter diesem Gesichtspunkt gibt es eine selbstmordartige Selbstaufopferung auch beim Menschen, wenigstens in solchen Gruppen, die besonders stark der Auslese durch natürliche Umweltfaktoren ausgesetzt sind. Noch um die Jahrhundertwende sagte der russische Bauer: »Tschujoi wek zayedayu, Pora na pokoi« – Ich lebe anderen das Leben weg: Es ist Zeit zu gehen. Und er geht. »Der alte Mann verlangt selbst zu sterben; er besteht selbst auf dieser letzten Pflicht gegen die Gemeinschaft und verlangt die Zustimmung des Stammes; er gräbt selbst sein Grab; er lädt seine Verwandten zum letzten Abschiedsmahl. Sein Vater hat dasselbe getan; nun ist er an der Reihe; und er verabschiedet sich von seinen Angehörigen mit allen Zeichen der Liebe«, schreibt Kropotkin[28]. Und auch er sieht die

Tötungshemmung: »Aber den Wilden widerstrebt es gewöhnlich so sehr, jemandem anderswo als in der Schlacht das Leben zu nehmen, daß keiner von ihnen es auf sich nehmen will, Blut zu vergießen, und sie nehmen ihre Zuflucht in allen möglichen Kunstgriffen, die so sehr falsch ausgelegt worden sind. In den meisten Fällen lassen sie den alten Mann im Wald allein, nachdem sie ihm mehr als seinen Anteil an der gemeinsamen Nahrung gegeben haben. Polexpeditionen haben dasselbe getan, wenn sie ihren kranken Genossen nicht mehr weiterschleppen konnten ... vielleicht gibt es noch eine unerwartete Rettung.« Das Aussetzen von Alten und Kranken sowie Kindesmord sind durchaus mit einer hochstehenden Moral zu vereinen.

Es gibt genug gute Schilderungen, wie es im akuten Fall zugeht, die erkennen lassen, wie der Wunsch der Alten oder Kranken, sobald sie der Gemeinschaft ernstlich zur Last fallen, geäußert und von den anderen aufgenommen und erfüllt wird, wobei dem nicht nur Tötungshemmungen, sondern auch Interessenkonflikte entgegenstehen; denn die Alten sind ihrer Erfahrungen wegen ein wertvoller Gruppenbesitz (s. S. 172). Der Wunsch zu sterben geht oder ging meist von den Alten selbst aus. Freuchen [16] berichtet von den Eskimos, daß sie das Ende ihres Lebens wünschen, wenn sie sehr krank sind, wenn schwere Sorgen sie niederdrücken, wenn, wie sie sagen, das Leben schwerer ist als der Tod. »In vielen Gegenden ist der beabsichtigte Tod das Normale für alte Männer und Frauen, die, voller Erinnerungen an ihre Jugend, nicht mehr fertigbringen, was sie ihrem guten Ruf schuldig zu sein glauben. Und sie

töten sich, um nicht ihrer Gruppe zur Last zu fallen.« Wie sie sterben, ist je nach Stamm verschieden; Ursache ist immer die Sorge um die Verwandten und die Trauer, nicht mehr an dem teilnehmen zu können, was das Leben lebenswert macht. »Mancherorts wünscht der alte Mann, daß sein ältester Sohn oder seine Lieblingstochter ihm den Strick um den Hals legt und ihn henkt. Das geschieht regelmäßig auf dem Höhepunkt einer Feier, wenn es ein gutes Mahl gibt und alle – auch der, der zu sterben wünscht – froh und glücklich sind.«
Pater Raymond de Coccola[7] beschreibt folgende Szene:
»Ich hatte das Essen mit den übrigen schweigend eingenommen und jeden einzelnen nach unserer langen Trennung eingehend betrachtet. Dabei spürte ich die Lücke, die der Tod der Großmutter gerissen hatte.
›Wann ist Manerathiak gestorben?‹ fragte ich Kakagun.
›Vor langer Zeit im Sommer. Sie wurde allmählich zu alt und unnütz.‹
›Was ist ihr geschehen, Kakagun?‹
›Ich weiß es nicht. Wir hatten unsere Zelte an der Mündung des Siorkretak River aufgeschlagen. Es war ein regnerischer, stürmischer Morgen. Sie ging an der Küste entlang zu den Klippen, die über die Bucht aufragen. Sie kam nicht zurück.‹
›Und ihr wißt nicht, wohin sie ging?‹
Sie starrten mich alle erstaunt an. Nokadlak gluckste: ›Sie stieg auf die höchste Klippe über dem Meer. Das Wetter war stürmisch, die Brandung hoch und wild. Sie verschwand einfach, Fala.‹

›*Mammianar!* Manerathiak kannte die Wege eurer Vorfahren‹, sagte ich. ›Sie war eine wahre Krangmalekfrau.‹ Nach diesem Grabspruch erwähnte niemand mehr ihren Namen.«

Hermanns[21] stellt ähnliche Fälle aus Asien zusammen; von den südindischen Pantaram, die als nomadisierende Wildbeuter einen sehr harten Daseinskampf führen, und von den Jakuten der alten Zeit, die ihre Greise etwa im Alter von 70 Jahren töteten, sei es, daß sie es selber wünschten, aber auch gegen deren Willen: Der Todgeweihte wurde durch zähe Fleischstücke erstickt oder in den Wald geführt und dort lebendig begraben oder dem sicheren Hungertod überlassen; bisweilen bat der Vater seinen ältesten Sohn, ihm auf Tschuktschenart das Herz mit der Lanze zu durchstechen.

Diesen Wunsch, aus Rücksicht auf die anderen zu sterben, empfindet auch bei uns kaum jemand als verwerflich, auch wenn er selbst ihn nicht äußern sollte. Wir wissen, daß auch bei gruppenlebenden Tieren alte Individuen sich freiwillig absondern können, ohne von den anderen ausgestoßen zu werden. Woran das liegt und welche Verhaltensänderungen damit einhergehen, hat noch niemand untersucht. Ich vermute aber, daß man hier Anhaltspunkte dafür fände, wie ein solches Verhalten beim Menschen bedingt ist.

b) Kindertötung

Es ist selbstverständlich, daß eine Art oder Population es sich nicht leisten kann, zu wenige Nachkommen aufzuziehen. Soll der Individuenbestand gleich bleiben, so muß jedes Elternpaar im Laufe seines Lebens zwei Junge hochbringen, die dann an die Stelle der Eltern treten. Sind es regelmäßig weniger Junge, so verschwindet die Art; sind es mehr, so muß sich die Art ausbreiten. Da die meisten Arten mehr als zwei Junge pro Paar zur Welt bringen, aber dennoch die Individuenzahl ziemlich konstant bleibt (selbst beim Karpfen und seinen Verwandten mit den schon sprichwörtlichen Millionen von Eiern, die jedes Weibchen legt), müssen die meisten Nachkommen wieder verschwinden. Verantwortlich dafür sind Krankheiten, Feinde und Unglücksfälle. Aber auch wenn man diese ausschaltet, verschwinden Nachkommen, weil das Nahrungsangebot begrenzt ist. Sie verhungern jedoch meist nicht, sondern werden von den anderen Artgenossen umgebracht. Das ist sinnvoll; denn auf dem Wege über das Verhungern würden alle betroffen – jeder bekäme etwas, aber keiner zum Leben genug. Zunächst hilft Rivalität den Stärkeren, bevorzugt Nahrung zu bekommen, es kommt aber auch vor, daß die Nachkommen direkt getötet werden. Ich komme darauf später noch zurück (S. 161). Wieder handelt es sich um ein fein eingespieltes Gleichgewichtssystem, in dem Nachkommentötung unter bestimmten Bedingungen eine notwendige Erscheinung sein kann.

Kindertötung kommt auch beim Menschen vor, oft unter genau bekannten Bedingungen. Ich meine hier nicht die Abtreibung, die zwar auch unter das Gebot »Du sollst nicht töten« fällt, was aber oft mehr verstandes- als gefühlsmäßig erfaßt wird. Weit verbreitet ist das Töten von Mißgeburten; regelmäßig geschah es noch bis ins 19. Jahrhundert in Schlesien. Bei manchen Naturvölkern werden viele weibliche Nachkommen gleich nach der Geburt umgebracht, weil sie – wie z. B. bei den Eskimos [16] – keine Jagdbeute machen, aber eine Mitgift fordern und damit die Familie unzumutbar belasten können. Bei Buschleuten, deren Kinder lange völlig auf die Muttermilch angewiesen sind, muß eine Mutter, die ein Kind bekommt, wenn das vorige noch kaum ein Jahr alt ist, entweder zusehen, wie ihre beiden Kinder sterben, oder eines töten [38]. Auch der germanische Hausvater hatte das Recht, ein Kind auszusetzen oder aussetzen zu lassen; Otto von Bamberg, der Missionar der Pommern, verbot das etwa im Jahre 1125. Die Märchen von Hänsel und Gretel oder von Schneewittchen überliefern solche Aussetzungsbräuche [2]. Ältere Kinder wurden und werden nur in Fällen äußerster Armut oder Hungersnot umgebracht (Peter Freuchen schildert das sehr eindringlich von Eskimos [16]); sonst ist das Leben des Kindes gesichert, sobald nur ein Tropfen Nahrung über seine Lippen gekommen ist. Dafür gibt es zwei Begründungen: Die erste aufgenommene Nahrung – ob an der Mutter oder an einer Amme, ob Milch oder etwa Honig – macht das Kind zum vollgültigen Menschen; und: die Mutter fühlt sich an das Kind gebunden, wenn sie es erst einmal gestillt hat.

Das hat einen biologischen Grund: bei vielen Säugetieren reagiert die Mutter auf das Junge erst dann mit voller Brutpflege, wenn es einmal an ihr gesaugt hat. Dabei spielen, je nach Art verschieden, Geruchssignale eine Rolle, ferner die Hormonlage der Mutter und bestimmte Kindchen-Zeichen am Jungen. Diese auf biologischem Wege rasch entstehende Mutter-Kind-Bindung begrenzt auch die Verwechslungs- und Adoptionsmöglichkeiten. Daß auch der menschliche Säugling kurze Zeit nach der Geburt für die eigene Familie und sogar die eigene Mutter noch nicht als Mensch gilt, hat also wohl biologische Gründe – was allerdings frühe Säuglingstötung nur erklären, nicht rechtfertigen hilft. Daß entsprechend auch die biologischen Grundlagen der Adoption von Kindern untersucht werden müßten, wenn man heute angesichts Tausender von Waisenkindern und notwendiger Geburtenbeschränkung als sehr vernünftigen Ausweg die »Familiensynthese« nicht nur vorschlagen, sondern auch erreichen will, sei nur am Rande vermerkt. Auch hier könnten biologische Erkenntnisse Schwierigkeiten aufzeigen und überwinden helfen.

Adoptionsartige Rituale, bei denen das Anbieten der Brust eine Rolle spielt, gibt es auch zwischen Erwachsenen. In einem Papua-Dorf müssen befreundete Indonesier, die zu Besuch kommen, kurz an der Brust der Häuptlingsfrau saugen[11]. Fürst Kropotkin beschrieb: »Wenn im Kaukasus Fehden zu Ende kommen, berührt der Schuldige mit den Lippen die Brust der ältesten Frau des Stammes und wird der ›Milchbruder‹ aller Männer der gekränkten Familie.« Ein türkisches Volksmärchen schildert die Abenteuer eines jungen Burschen, der sie deswegen besteht, weil er den ihm begegnenden weiblichen Dämonen an die Brüste faßt und an ihnen saugt, so daß sie ihm nichts anhaben können. Die partnerbindende Funktion und die Weiterentwicklung der weiblichen Brust zum sozialen Signal bei Tieren und Menschen habe ich an anderer Stelle ausführlich behandelt[71].

Man wird über die biologischen Grundlagen der Mutter-Kind- und der Partnerbindung zwischen Erwachsenen noch sehr viel mehr lernen müssen, ehe man soziale Fehlleistungen nicht nur symptomatisch, sondern von ihren Ursachen her korrigieren kann. Denn weder die Bereitschaft einer Mutter, ihr Kind auch unter Lebensgefahr zu verteidigen, noch der erwiesene Tatbestand, daß in Deutschland heute jährlich mehr Kinder von ihren Eltern als von fremden Menschen umgebracht werden, sind rein menschliche Züge; vielmehr gibt es Entsprechendes auch bei vielen Tieren.

c) Rivalentötung

Wenn das Gebot »Du sollst nicht töten« mit Beispielen aus dem Tierreich erläutert wird, dann regelmäßig mit solchen, die zeigen, daß zur schweren Beschädigung oder Tötung des Kampfpartners fähige Lebewesen über Mechanismen verfügen, die ein solches gegen die Arterhaltung verstoßendes Töten des Rivalen vermeiden helfen; das habe ich schon erörtert (S. 97).

Meist kann man für Rivalenkämpfe ein Objekt benennen, um das gekämpft wird: Nahrung, ein Weibchen, ein Revier (das zum Erlangen der Nahrung oder eines Weibchens notwendig sein kann) oder ein Obdach (für das Individuum selbst oder für seine Nachkommen). Der ebenfalls durch Androhen oder gar Wegbeißen des Nachbarn eingehaltene Individualabstand, eine Art transportables Territorium um das Individuum herum, läßt sich mit einiger Mühe auch noch so erklären. Dennoch gibt es auch merkwürdige Rivalenkämpfe ohne ein uns bekanntes Streitobjekt und sogar mit regelmäßigem tödlichem Ausgang für einen der Kämpfer.

Ein Beispiel dafür sind junge Adler. Adler legen gewöhnlich zwei Eier im Abstand von einigen Tagen, aus denen in entsprechendem zeitlichem Abstand die Jungen schlüpfen. Zwischen diesen Jungen bricht bald nach dem Schlüpfen regelmäßig der sogenannte »Kain-und-Abel-Kampf« aus, über den Leslie Brown[6], einer der besten Adlerkenner, folgendes berichtet: Der Kampf kann vom älteren oder vom jüngeren Kücken ausgehen, wird aber regelmäßig vom älteren gewonnen, gleichgültig ob es ein männliches oder weibliches Tier ist. Der Angreifer nimmt die Drohhaltung ein, die der Erwachsene Feinden gegenüber zeigt: den Kopf hoch aufgereckt, die Flügel halb ausgebreitet, auf den Tarsen hockend. Dann beginnen die Geschwister aufeinander einzuhacken, meist auf den Rücken. Eins verfolgt das andere stundenlang Runde um Runde im Nest, das stärkere setzt sich auf das schwächere, und hat dieses erst einmal eine Wunde, dann wird sie immer weiter aufgerissen. Der »Kampf« geht weiter, auch wenn einer aufgibt und zu entkommen trachtet. Beide kreischen laut dabei, aber nie greifen die Eltern ein, selbst wenn sie danebensitzen. Es kann ein bis zwei Tage dauern, dann ist das jüngere Tier tot.

Ähnlichen Geschwistermord gibt es auch bei Kranichen und einigen weiteren Raubvögeln. Der biologische Sinn des ganzen ist ungeklärt; Vergleichsuntersuchungen bieten sich aber geradezu an: Denn während beim Schreiadler oder Kronadler regelmäßig das zweite Junge umkommt, überlebt es bei Stein-, Raub- und Habichtsadlern in einem von fünf Fällen, und noch besser sind seine Chancen – wegen des schwächer ausgebildeten Geschwisterkampfes – bei See- und Schreiseeadlern. Von einer Tötungshemmung gegenüber dem Artgenossen ist hier keine Rede. Weil man sie aber einfach voraussetzt, scheint mir, sind diese Fälle sehr auffälliger innerartlicher Aggression bisher nicht untersucht.

Die Adlerkinder kämpfen nicht um Futter oder um etwas anderes uns Bekanntes, kämpfen also nicht als Konkurrenten, sondern – soweit bekannt – einfach als Kampfpartner. Erwachsene Adler tun das nicht; bei ihnen sind Kämpfe extrem selten und kaum beobachtet worden, obwohl die Tiere große Gebiete wie ein Revier besitzen.

d) Weibchentötung, Männchentötung

Da die Zahl der möglichen Nachkommen einer Population durch die Zahl der von den Weibchen stammenden Eizellen (letztlich also durch die Zahl der Weibchen selbst) begrenzt wird, sind die Weibchen besonders wertvoll und wichtig. So ist es verständlich, daß ihnen gegenüber Angriffshemmungen besonders wirksam sind. Insgesamt scheinen von allen »Kumpanen« die Weibchen am besten gegen Tötung durch Artgenossen geschützt.

Fälle, wie sie bei manchen niederen Tieren vorkommen, wo die Jungen gleich nach der Geburt die Mutter verzehren, sind besondere Formen der Brutfürsorge: das ohnehin dem Tod geweihte Muttertier wird den Nachkommen nutzbar gemacht.

Bei vielen Fangheuschrecken (Gottesanbeterinnen) und Spinnen wird das Männchen während oder nach der Kopula vom Weibchen getötet und teilweise oder ganz gefressen. Da die Selektion, wie bereits erörtert, Nachkommen zählt und diese Männchen mit der Kopula für Nachkommen gesorgt haben, liegt kein Selektionsdruck darauf, ihre Tötung zu verhindern. Ebenso verständlich ist die berühmte »Drohnenschlacht«, in der die überzähligen Männchen vom Bienenvolk umgebracht werden. Dennoch muß man auch diesen Fällen zuliebe differenzieren, wenn man von Tötungshemmung allgemein sprechen möchte.

e) Fremdentötung

George Schaller hat kürzlich in ausgedehnten Freilandstudien an Löwen gefunden, daß nicht nur die Mütter ihre Jungen ziemlich oft einfach verlassen, wenn es zu wenig Nahrung gibt (was notbedingte Kindertötung durch Entzug der mütterlichen Fürsorge ist), sondern daß männliche Löwen, die einem anderen, meist alten Löwen den Weibchenharem im Kampf abgenommen haben, mindestens in einigen belegten Fällen die mitübernommenen noch unselbständigen Jungen töteten. Niemals jedoch vergreifen sich Löwen an ihren eigenen Jungen. Vorerst ist unklar, welche selektive Auswirkung dieses Töten fremder Jungen hat.

Die verschiedenen Farben, mit denen Imker die Fluglöcher ihrer Bienenstöcke umgeben und die den Bienen die Heimkehr zum richtigen Stock erleichtern sollen, sind eine Anpassung an die Tatsache, daß Bienen keinerlei Hemmung haben, Artgenossen aus dem Nachbarstock umzubringen. Man weiß, daß der verschiedene Stockgeruch das Erkennen der Fremden gewährleistet. In unserem Zusammenhang aber ist wichtig, daß hier wieder nichts von einer Hemmung zu spüren ist, die das Töten von Artgenossen ganz allgemein verhinderte. Warum aber töten Bienen stockfremde Sammlerinnen, die doch Tracht bringen? Mir scheinen zwei Gründe dafür plausibel: Erstens gibt es sozialparasitische Anwandlungen, wie bei anderen staatenbildenden Insekten, auch bei Honigbienen, die dann versuchen, die Vorräte der Nachbarn zu plündern. Fremde können also Gefahr bedeuten, und dagegen wehrt man sich am besten von Anfang an. Zweitens teilen die Sammlerinnen ja im Stock mit, in welcher Richtung und Entfernung vom Stock sie Nahrung gefunden haben, und werben andere an, dorthin zu fliegen. Sie benutzen aber nicht den Rückweg zum Stock, sondern den Hinweg vom Stock zur Futterquelle für die Ortsangabe; kommen sie also nach dem Sammelausflug zu einem anderen Stock als dem, von dem aus sie starteten, so melden sie im zweiten eine falsche Richtung, nämlich die, die man vom ersten aus einschlagen müßte, um zum Futter zu kommen. Wenn die Stöcke weiter als im Bienenhaus üblich voneinander entfernt sind, kann das zu erheblichen Mißweisungen führen. Wie vorn von den australischen Eingeborenen geschildert (S. 76), schirmen sich vermutlich auch die Bienen gegen solche »Irrlehren« ab.

Es ist noch nicht näher untersucht, welche anderen Folgen es hätte, wenn Fremde geduldet würden. Wenn alle Mitglieder einer Sozietät fruchtbar (und nicht wie die Bienenarbeiterinnen steril) sind, wäre es vorteilhaft, Überläufer auszumerzen, da sie die eigene Sozietät schädigen, indem sie ihr Arbeitskräfte entziehen. Da ihre eigene Sozietät sie aber dann, wenn sie überlaufen, nicht mehr erreichen kann, sollte es im Dienste der »Sozietätentreue« vorteilhaft sein, wenn jede Sozietät – sozusagen im »gentleman agreement« – Zuläufer ausmerzt, die aufgrund ihrer Veranlagung doch nur Sozietätenuntreue einführen würden. Solche Spekulationen helfen uns hier aber nicht weiter. Festzuhalten ist, daß die Tötungshemmung wieder nicht auf den Artgenossen schlechthin, sondern höchstens auf den engeren Gruppengenossen gerichtet ist.

Wir werden noch erörtern, daß gruppeneigene Traditionen (und die Meldungen der Sammelbienen kommen der Tradition besonders nahe) einen Selektionsvorteil bedeuten und Konkurrenz vermeiden helfen (S. 182). Deshalb ist es verständlich, wenn bei vielen Tieren nur Mitglieder kleinerer Gruppen gegeneinander friedlich sind und sich Fremde vom Leibe halten, also nur die Gruppengenossen so behandeln, wie sie einer verbreiteten Meinung nach Artgenossen behandeln sollten.

Das hat nun wieder eine enge Parallele beim Menschen, der ja auch das Gebot »Du sollst nicht töten« auf Mitmenschen bezieht, aber oft genug geradezu definitorisch die Mitmenschen auf Angehörige der eigenen Gruppe einengt. Die Zigeuner bezeichnen sich selbst als »rom«, das heißt »Mensch«; »denn für uns ist der Zigeuner ein Mensch, die anderen sind es hingegen nicht, wir bezeichnen sie daher mit dem Namen ›gadgés‹, das heißt Fremdlinge«, schreibt der Zigeunerschriftsteller Matéo Maximoff [9]. Ebenso bezeichnen sich viele Papua-Stämme auf Neuguinea selbst als »Wir, die Menschen«; »Mensch« heißt soviel wie »Stammesbruder«. Entsprechend ist der erste Mensch jeweils der Stammesahn, für die Papuas ebenso wie für die Kikuyu in Ostafrika: Deren Adam hieß einfach »Kikuyu«. Auch »Bantu« heißt »Mensch«, und wer kein Bantu ist, hat es auch heute noch schwer, in den ostafrikanischen Staaten einen Regierungsposten zu bekommen, vor allem wenn er etwa zu den Masai gehört, die sich ja ihrerseits für die eigentlichen Menschen halten. Aber wozu in die Ferne schweifen... Wenn Stammesfremde keine eigentlichen Menschen sind, liegt es übrigens nahe, bei Stammes- oder Clan-Exogamie die Frauen als weniger typische Menschen einzustufen.

An tierischen wie an besonders naturverbundenen menschlichen Sozietäten kann man ablesen, wie es zu Unterschieden der gruppentypischen Traditionen und Normen kommt (S. 75 u. 183). Benachbarte Gruppen von australischen Eingeborenen [12], von Papuas auf Neuguinea [39], von Buschleuten [58] und von südamerikanischen Indianern [3] können sehr unterschiedliche Lebensformen haben, und jede wird situationsgerecht den eigenen Lebensstil für richtig, den der Nachbarn für falsch halten. Regelmäßig wird aber die Bewertung nach der Nützlichkeit durch eine ethische Bewertung verbrämt, das richtige Eigene gilt als gut, das Fremde als böse. So werden die nur »Anderen« zu den bösen Fremden, die von vornherein angefeindet werden; bestenfalls begegnet man ihnen nur mit Mißtrauen und gibt ihnen eine Chance, zu beweisen, daß sie weniger böse sind, als man erwartet hat. Dieselbe Geringschätzung trifft bei uns die Anhänger einer anderen als der eigenen Lehrmeinung, wobei der Fachjargon als kontrastbetonender Dialekt funktioniert. Vor kurzem hat der gemäßigte US-Studentenführer Sam Brown dem derzeitigen Präsidenten Richard Nixon vorgeworfen: »Wenn der Präsident Studenten liederliche Taugenichtse nennt, wie am 1. Mai im Pentagon, dann macht er es einfacher für einen Nationalgardisten, den Gewehrlauf auf einen von ihnen zu richten und abzudrücken.« Am 4. Mai 1970 hat die Nationalgarde auf dem Campus der Universität von Kent vier inzwischen nachgewiesenermaßen friedliche Studenten erschossen. »Ihr habt gehört, daß zu den Alten gesagt wurde: ›Du sollst nicht töten‹. Ich aber sage euch: Ein jeder, der zu seinem Bruder sagt ›Raka‹, Taugenichts, soll der Feuerhölle verfallen sein« (Mt 5, 21); das ist eine biologisch sehr vernünftige Verschärfung des Fünften Gebotes, die von Einsicht in das Verhaltengefüge zeugt. »Principiis obsta!« – Wehre den Anfängen! haben viele in der Schule lernen müssen und haben es nur ins Deutsche statt auch ins tägliche Leben übersetzt. Die Eingliederung von ehemals Arbeitslosen, von Farbigen, von Gastarbeitern oder auch einfach von »Neuen« in Firmen, Banken und Fabriken scheitert zu einem hohen Prozentsatz an den Vorarbeitern, Instruktoren und Kollegen, die mit mehr oder minder derben Hänseleien das soziale Klima am Arbeitsplatz stören oder gar zerstören. Aufnahme-Rituale sind bei fast jeder Gruppe üblich; sie können sozial harmlos sein wie die Taufe, lustig wie die Äquatortaufe oder verwerflich wie ein Mordversuch.

Exkurs
Ist Aggression ein spontan anwachsendes Bedürfnis?

Auch wenn man die eben geforderten Unterscheidungen trifft, kann man bequem die bisherigen Thesen der Verhaltensforscher zum Thema Aggression kritisieren. Strittig ist nicht so sehr die Frage, ob es Aggression – wie immer man sie definieren mag – gibt, sondern ob sie reaktiv oder endogen-spontan ist und vor allem, ob der Aggressionstrieb kumuliert und von sich aus zur Entladung drängt, und zwar (bei sonst konstanten Verhältnissen) um so stärker, je mehr Zeit seit der letzten Entladung verging.

Ursprünglich nahm man an, ein Lebewesen besitze lediglich zahlreiche Reaktionen, mit denen es auf entsprechende Umweltsituationen antwortet. Das, was man Instinkt nannte, sorgt dafür, daß das Lebewesen biologisch sinnvoll reagiert, also Beute als Beute, Feinde als Feinde erkennt, daß es die Beute ergreift, die Feinde meidet usw. Gleich zu Beginn der modernen Verhaltensforschung hat Lorenz aber betont, daß ein derartiges Reaktionsgefüge nicht ausreicht. Wenn ein Fuchs Hunger hat und sitzen bliebe, bis ihm etwas Freßbares vors Maul kommt, müßte er vermutlich verhungern. Wer nicht im Schlaraffenland lebt, muß seine Nahrung suchen gehen, wenn er Hunger verspürt. Das Hunger-

Signal kommt aus dem Körper-Inneren; wenn das Tier darauf reagiert, so reagiert es nicht auf einen Umweltreiz. Es reagiert aber auch nicht einfach mit Beute*fang*, sondern mit Beute*suche*. Dieses Suchen – z. B. nach Beute bei Appetit – nennt man Appetenzverhalten. Es bringt das Lebewesen – das dabei seine Erfahrungen einsetzen kann – zur Beute, und erst wenn diese entdeckt ist, werden der Beutefang und das Fressen ausgelöst.

Parallel zum steigenden Appetenzverhalten sinken oft auch die Ansprüche, die das Lebewesen an das zu suchende Objekt stellt. Während man einen satten Hund selbst mit noch so leckerem Fleisch nicht hinter dem Ofen hervorlocken kann, nimmt derselbe Hund, je länger er Futter sucht, auch weniger leckeres Fleisch, alte Knochen und schließlich verschimmeltes Brot, auf das er normalerweise nicht anspricht. Man sagt, die Ansprech-Schwelle sinkt; oder: In der Not frißt der Teufel Fliegen.

Entsprechend könnte eine Art an den Rand des Aussterbens kommen, wenn die Erwachsenen einander aus dem Wege gingen, während Feinde, Krankheiten und Unglücksfälle viele Individuen töten. Notwendig ist deshalb, daß geschlechtsverschiedene Individuen derselben Art einander suchen und neue Nachkommen zeugen, um die Ausfälle wenigstens auszugleichen. Auch dieses Suchen des Geschlechtspartners ist ein Appetenzverhalten.

Man kann nun leicht einsehen, daß solches Appetenzverhalten ein notwendiger Bestandteil derjenigen Triebe ist, die ein Defizit ausgleichen müssen, sei es ein

Defizit an Nahrung beim Individuum, sei es ein Defizit an Individuen bei der Art. Gilt das aber für jedes instinktive oder triebhafte Verhalten? Nach Lorenz [36] sind Schwellenerniedrigung und Appetenzverhalten bei wenigen instinktmäßigen Verhaltensweisen so deutlich ausgeprägt wie gerade bei denen der innerartlichen Aggression. Leyhausen [32] nimmt sogar die gleichen Eigenschaften für den Fluchttrieb, die »Angst«, in Anspruch (272 ff). In beiden Fällen müßte das aber biologisch absurde Konsequenzen haben, z. B. daß ein Tier, dem es gelungen ist, alle störenden Konkurrenten aus seinem Bezirk zu vertreiben, nach einiger Zeit Appetit auf Kämpfe bekommt und dann auszieht, um andere zu stören. Oder daß ein Tier, welches eine von Feinden freie Insel besiedelt, allmählich Appetit auf Flüchten bekommt und schließlich vor irgendeinem unsinnigen Feind-Ersatz davonläuft. Bisher ist noch zu wenig triebvergleichend gearbeitet worden, als daß wir auf diese Probleme befriedigende Antworten wüßten. Die Verhaltensforscher wissen noch nicht – und manche von ihnen bezweifeln –, ob sie mit der bisherigen Arbeitshypothese, daß alle Triebe nach demselben Muster gebaut sind, durchkommen werden. »Principia interpretationis praeter necessitatem non sunt multiplicanda« – neue Deutungen soll man nur einführen, wenn man dazu gezwungen wird; so lautet das berühmte Sparsamkeitsprinzip der Naturwissenschaften. Es darf aber nicht blind gegen neue – oder gegen Schwierigkeiten mit den alten – Deutungsmöglichkeiten machen. Wir müssen zugeben, daß wir nicht genau wissen, ob und wie sich Aggressionstrieb und Nahrungstrieb unterscheiden und wie wir es deuten sollten, falls sie sich nicht unterscheiden. Erwarten sollten wir aber, daß ihre Physiologie Verschiedenheiten aufweist.

Der allgemeinen Aussage, Aggression sei ein echter Instinkt mit eigener endogener Erregungsproduktion und dem entsprechenden Appetenzverhalten, kann man aber nach den bisherigen Befunden nicht zustimmen.

Schon Reimarus unterscheidet das Können einer Handlung vom Bedürfnis, sie auszuüben: »Wie geht es zu, daß die Spinne, so bald sie aus dem Eye gekrochen ist, ein so künstlich Netz aus dem überflüssigen Safte ihres Hintern zu weben weis und bemühet ist?« Gefragt ist, ob Aggression ein angeborener Trieb ist, der bei mangelnder biologisch adäquater Kampfgelegenheit im Lebewesen ein steigendes Bedürfnis zu kämpfen hervorruft. Wer untersucht, ob unter experimentellen Bedingungen oder gar völlig isoliert aufgewachsene Tiere angeborenermaßen ihre Rivalen kennen oder die arttypischen Kampfverhaltensweisen zeigen (oder beides nicht können), geht an dieser Frage vorbei; er zielt auf zwei andere »Passungen«, wie vorn (S. 33) besprochen. Gefragt ist ja nicht, ob das Tier die auslösende Reizsituation erkennt oder die Kampfweisen kann, sondern ob es einen wachsenden Drang zum Kämpfen hat. Genauer gesagt, ob dieser Drang von sich aus, ohne aus der Umgebung provoziert worden zu sein, zunimmt; denn daß sich die Kampfbereitschaft durch vorausgehende Erfahrungen, die das Individuum sammelt, und durch verschiedenerlei Außenbedingungen beeinflussen läßt, ist bekannt. Zu dieser Frage gibt es bisher vier Gruppen von Experimenten:

1. *Die isolierte Aufzucht.* Nie in ihrem Leben von Artgenossen oder Artfremden provozierte Tiere könnten erkennen lassen, ob solche Erfahrungen (Provokation, Frustrationen usw.) für den »Aggressionsstau« nötig sind. Freilich nur, wenn dann das aggressive Verhalten im Leerlauf oder – falls doch gegen einen gebotenen Gegner – wesentlich stärker als erwartet aufträte. Außerdem muß geprüft werden, ob dasselbe Individuum vielleicht allgemein erregter oder weniger erregt ist als normal aufgewachsene und wie sich seine anderen Triebe entwickelt haben. Nur so kann man erfahren, ob es eine eigenständige Beeinflussung der Aggressionsphysiologie gibt. Keiner der bisherigen Versuche in dieser Richtung lieferte eine klare Antwort.

2. *Vorübergehende Isolation.* Meist wurden erwachsene Tiere (nicht heranwachsende Junge) für einige Zeit von allen Kontakten mit Artgenossen abgeschlossen. Man weiß dann zwar ebensowenig wie in den folgenden zwei Versuchsarten, auf welche Weise eine gegebenenfalls vorhandene Aggression ursprünglich im Tier begründet wurde; man kann aber prüfen, ob sie – angeboren oder erworben – spontane Drangschwankungen zeigt und ob der Drang kumuliert. Äußern kann sich das wieder im Leerlauf oder in abnorm heftiger Reaktion auf Testreize. Versuche von Heiligenberg[20] an einem aggressiven Buntbarsch zeigten allerdings, daß bei isolierten Tieren die Aggressivität verkümmerte. Wiederum ist noch nicht sicher, ob diese

Atrophie typisch nur für die Aggression ist oder ob andere »Triebe« mitbeeinträchtigt werden.

3. *Dressur eines isolierten Tieres, mit »Rivalensicht« als Belohnung.* Das Tier soll lernen, irgendeine Handlung auszuführen (z. B. bestimmte Labyrinthwege zurückzulegen), und bekommt als Belohnung den Anblick eines Rivalen. Aus der Häufigkeit, mit der das Tier die geforderte Handlung als Appetenzhandlung ausübt, schließt man auf einen Kampfdrang, der es treibt, den Gegner aufzusuchen. Tatsächlich lernen ganz verschiedene Tierarten in solchen Versuchen, die Appetenzhandlung auszuführen – nur ist kaum je eindeutig klar, daß es sich um Appetenz zum Kämpfen handelt. Nie wurde daneben eine andere Handlung mit anderer Belohnung verknüpft, an der man hätte messen können, was das Tier sonst noch wollte.

Und schließlich liegt die Annahme nahe, es lerne den ständig sichtbaren Labyrinthanfang – pars pro toto – als Teil oder als Verkleidung des Gegners aufzufassen. Dann ist es dem, was es mit dem Gegner so verknüpft, wie etwa eine von ihm hinterlassene (Revier-) Markierung, ständig ausgesetzt und folglich nicht mehr von diesem Gegner isoliert, würde also nicht spontan aggressiv. Es ist ja bekannt, daß Hunde vor der Duftmarke eines Rivalen, die sie kennenlernen müssen, böse werden wie vor dem Rivalen selber.

(Übrigens sind meines Wissens alle Versuche gescheitert, Tieren irgendwelche Handlungen beizubringen, wenn man eine Flucht auslösende Situation als Belohnung bot; das spricht nicht für ein Bedürfnis nach Flucht oder einen endogen-spontanen Fluchttrieb.)

4. *Vorübergehende Isolation eines Paares.* Bei den inzwischen berühmt gewordenen Buntbarsch-Pärchen der Gattung *Etroplus* fielen nach einiger Isolationszeit die Männchen über ihre Weibchen her und bekämpften sie, zuweilen töteten sie sie. Solange andere Artgenossen erreichbar sind, passiert das nicht. Das kann man zunächst so deuten: Die zunehmende Kampflust des Männchens, die kein passendes Objekt findet, überwindet schließlich die Aggressionshemmung vor dem eigenen Weibchen, so daß das Männchen sich am Weibchen abreagiert.

Nun sind aber die Buntbarsche, die sich fest verpaaren, nicht sexualdimorph, d. h. Männchen und Weibchen sehen gleich aus. Genaue Versuche von Heiligenberg [20] haben gezeigt, daß allein durch den Anblick eines Rivalen die Kampfbereitschaft eines Buntbarsches zunehmen kann. Wenn das Weibchen einem Rivalen sehr ähnlich oder gar gleich sieht, wird es also auch die Kampfbereitschaft seines Partners steigern. Das, was dieser schließlich am Weibchen abreagiert, braucht keine endogen-spontane, sondern kann eine vom Weibchen hervorgerufene Aggression sein. Aus diesem Grunde sind die so oft zitierten Paar-Isolationsversuche ganz ungeeignet, das spontane Kumulieren der Aggression zu prüfen!

Wenn die Partner eines Paares einander zum Kämpfen aufstachelten und die Bekanntheit dieses Partners zugleich angriffshemmend wirkte, hätte das den biologisch sogar erwünschten Erfolg, daß beide besonders aggressiv gegen auftauchende Dritte reagieren, und würde vielleicht erklären, warum verpaarte Tiere ihre

Brut besonders heftig verteidigen. Lorenz[36] erörtert das in seinem Buch (S. 177) am Beispiel der Puten-Mutter, die ihre Kücken heftig gegen alle Bodenfeinde (Iltis, Marder, Ratten) verteidigt. Solche Feinde erkennt sie am Signal »pelzig«. Dieses Signal senden aber auch die Kücken in ihrem Dunenkleid; sie stacheln ihre Mutter also auf, hemmen mit charakteristischem Piepen aber zugleich ihren Angriff. Fehlt das Piepen oder ist die Mutter taub, so greift sie regelmäßig ihre Kücken an und tötet sie. Auch in diesem Fall, wo es um die Aggression gegen artfremde Feinde geht, wird das Tier nicht spontan so aggressiv, sondern durch die – in diesem Fall »geborgten« – Feindsignale.

Schließlich kommt noch hinzu, daß andere Buntbarsch-Arten, die sich ebenfalls verpaaren, beliebig lange friedlich gegen den Partner bleiben, selbst wenn sie als Paar isoliert sind; da sie Fremde aber sofort angreifen, sind sie nicht etwa un-aggressiv geworden. Wir müssen demnach damit rechnen – was auch aus anderen Gründen wahrscheinlich ist –, daß »Aggression« als Mechanismus mehrfach unabhängig, also konvergent entstanden ist, etwa so wie die Flügel von Insekten und Vögeln (s. S. 41), und dann auch (vielleicht sogar bei nah verwandten Arten) unterschiedlich physiologisch konstruiert ist, wie ja auch Insektenflügel und Vogelflügel zwar beide zum Fliegen taugen, aber sehr verschieden gebaut sind.

Erörterungen über »die Aggression«, in denen diese Fakten unberücksichtigt bleiben, entsprechen nicht unserem heutigen Wissensniveau. Wir wissen, daß es mehrere voneinander unabhängig variable Triebe in vielen daraufhin untersuchten Lebewesen gibt. Wir wissen auch, daß man diese Triebe charakteristischen Verhaltensweisen zuordnen und mit deren Hilfe messen kann. Die Verhaltensforschung hat Methoden entwickelt, mit denen sich Angeborenes von Erlerntem unterscheiden läßt, und zwar sowohl im »Erkennen« von Situationen, wie im »Können« von Bewegungen und im »Zuordnen« von Bewegungen zu Situationen. Konrad Lorenz[34] hat schon 1935 auf die »Instinkt-Dressur-Verschränkung«, das heißt auf das Zusammenwirken von Angeborenem und Erlerntem in komplexeren Handlungsformen hingewiesen und auch auf das Lernen von feineren Kennzeichen für typische Situationen in einen vorgegebenen groben Erkenn-Rahmen hinein. Dennoch wird immer wieder die Frage nach angeborenem Können und Erkennen auf unbiologische Einheiten des Verhaltens bezogen: Die einen fragen immer wieder, ob »das Aggressionsverhalten« oder gar »die Aggression« angeboren sei (statt zu prüfen, was am Aggressionsverhalten angeboren ist); andere verfallen in das Extrem, jedes Verhalten möglichst bis in die Kontraktionen einzelner Muskelfasern aufzulösen und die zu untersuchen, statt sich dem Niveau der Fragestellung angemessene natürliche Einheiten auszuwählen; nämlich diejenigen Verhaltensbausteine, die entweder allein oder in verschiedenen Kombinationen auftreten können. Für kleinere Einheiten trifft die Frage nicht zu, für größere läßt sie sich nicht eindeutig beantworten.

Das alles liegt aber noch vor der Frage, ob und bei welchen Lebewesen es einen angeborenen, spontanen und kumulierenden Aggressionsdrang gibt. »Angeboren« läßt sich, wie Lorenz immer wieder betont hat, nur durch Ausschalten von anderen Erfahrungserwerbs-Möglichkeiten prüfen. »Spontaneität« meint hier einen wiederholten Wechsel im spezifischen Zustand der Individuen, dem kein Wechsel im Zustand der einwirkenden Umwelt entspricht. Das Kumulieren mißt man an der Intensität (a) der für den betreffenden Trieb oder Drang kennzeichnenden Handlungen, (b) des andressierten oder arteigenen Appetenzverhaltens (Suchverhalten), (c) an der Schwellensenkung für auslösende Reize, also daran, mit welchen Ersatzobjekten – bis hin zur ersatzobjektlosen Leerlaufhandlung – das Lebewesen vorlieb nimmt, um seinen Drang abzureagieren, und (d) mit Hilfe von arteigenen oder andressierten Hemmungen, die den vorgenannten Handlungen entgegenstehen, seien es Beißhemmungen gegen Weibchen oder Junge, oder Stolperdrähte und andere Hindernisse auf dem Wege zum Ziel. Es genügt nicht, nur einen dieser vier Meßwege zu beschreiten. Ob ganz spezifisch der Aggressionsdrang kumuliert, kann man nur prüfen, wenn man die Bereitschaft des Lebewesens zu nicht-aggressiven Handlungen nebenher mißt. Und dann ist immer noch die Frage offen, ob ein »Aggressions-Stau« nicht auch anders als durch typisch aggressives Verhalten abgebaut werden kann. Daß sich von außen induzierte Aggression »aufstauen« kann, eine nachgewiesene Staubarkeit also nicht notwendig auch Spontaneität bedeutet, ist hinlänglich bekannt.

Für die Verfechter der These, Aggression sei ein spontaner und kumulierender Trieb, liegt die Gefahr nahe, Befunde zu sammeln, die sich mit dieser These vertragen (so wie es Leyhausen[32] bei der Angst getan hat); um die These kritisch zu testen, muß man jedoch prüfen, ob man unter Berücksichtigung aller vorhandenen Befunde an der Forderung eines spontan kumulierenden Antriebes auch vorbeikommen kann. Und dann zeigt sich, wieviel noch ungeklärt ist.

Es ist kein Zweifel, daß man all das Geforderte untersuchen kann und untersuchen muß, wenn man die über diesem Exkurs stehende Frage beantworten will. Bisher ist aber noch an keinem Lebewesen alles das untersucht worden; viel weniger haben wir die nötigen Vergleichsfälle, um die Stammesgeschichte und den Anpassungswert eines vermuteten Aggressionsdranges zu erschließen. Das berühmte »spacing-out«, die Verteilung der Art über möglichst den ganzen für sie noch geeigneten Lebensraum, könnte sich statt durch Angriffe auf Artgenossen auch durch Ausweichen vor ihnen (oder ihren Kothaufen, ihren Duftmarken usw.) bewerkstelligen lassen. Der Gesang der Vögel zum Beispiel soll ja gerade diese Funktion erfüllen, Rivalen auf Abstand zu halten; dennoch rechnet man ihn nicht zum typisch aggressiven Verhaltensinventar. Daß Aggression dem »spacing-out« dient, besagt noch nicht, daß das »spacing-out« Aggression nötig macht.

Die humanpsychologischen und soziologischen Daten zur Aggression des Menschen lassen sich mit denen aus der Verhaltensforschung am Tier sowieso vorerst höchstens probehalber vergleichen, jedoch nicht untermauern.

Aus diesen Gründen geraten fast allen Aggressions-Symposien die angeführten Beispiele aus dem Tierreich zu bloßen Gleichnissen ohne echten Vergleichswert. (Am Rande sei hinzugefügt, daß dieselben Fragen auch im Zusammenhang mit anderen Trieben noch auf Antwort warten und daß wir eben begonnen haben, gerade diese Antworten zu finden.)

Die gegenseitige Verständigung — Du sollst nicht lügen

»Als Lüge bezeichnet man die bewußt falsche, auf Irreführung des Partners abgestellte Aussage, die einen Sachverhalt der äußeren oder der inneren Welt unrichtig darstellt oder ihn durch Verschweigen bzw. Umformen wichtiger Züge entscheidend verändert. Das können Tiere schon deshalb nicht, weil sie keine Sprache haben«; so schreibt Kainz[26] (S. 141) in seinem Buch über die sogenannte Sprache der Tiere. Allerdings kann man Lügen nicht nur sagen, sondern auch durch täuschende Verhaltensweisen produzieren. »Aber«, so lesen wir weiter bei Kainz, »auch zu Falschdarstellungen sind Tiere nicht befähigt, ... denn sie können keine Sachverhalte in differenziert aussagender, durch klare gegenständliche Intentionen geleiteter Nenn-Symbolik darstellen, daher können sie diese auch nicht falsch darstellen.« Freilich gibt es instinktmäßig verankerte Verstellungen und pseudo-listige Täuschungen, etwa das bekannte Totstellen vor Feinden oder das Verleiten, bei dem ein Vogel wie mit gebrochenem Flügel auffällig davonhüpft und so Räuber vom Nest weglockt. Aber hier handelt das Tier ohne Einsicht, so wie eine Spinne instinktiv und ohne Einsicht ihr sinnvolles und kompliziertes Netz webt, mit dem sie Beuteinsek-

ten fängt. Verstellung im eigentlichen Sinne – sagt Kainz – beruht auf Reflexion, die das Tier nicht kennt. Als Grenzfälle nennt er verschiedene Affen, die einen Wärter überlisten, indem sie ihm Dinge stehlen und betont harmlos tun, damit er es nicht merkt; oder jene Affen, die den Mund voll Wasser nehmen, mit Bittgebärden oder gleichgültigen Mienen Menschen heranlocken und sie dann naßspucken. Und was folgert Kainz daraus? Er sagt: hier könne man zwar am ehesten von lügenhaftem Verhalten sprechen. Beispiele der genannten Art fänden wir aber nie im natürlichen Lebensbereich, sondern nur bei Wildtieren in Gefangenschaft und bei Haustieren. Denn erst domestizierte Tiere könnten angeborene Verhaltenselemente überformen, eigene Erfahrungen mit einer gewissen Einsicht in die Handlungsweisen einbauen und haben dann die Möglichkeit zu Täuschungsmanövern, die mehr als instinkthaft vollzogene Handlungen sind.
Diese Meinung ist, wie ich aus vielen Gesprächen weiß, weit verbreitet. Interessant daran ist, daß man dem Tier Einsicht und damit die Voraussetzung zum Lügen erst zutraut, wenn es vom Menschen beeinflußt wurde. Das Lügen gilt offenbar als Privileg des Menschen – ein trauriges Privileg. Wenn ich nun schildere, warum diese Meinung falsch ist, kann das mancher als Trost auffassen – als billigen Trost allerdings.
Aufschlußreich ist es, einige eindeutige, in wissenschaftlichen und mehr populären Zeitschriften schon veröffentlichte Beobachtungen mit den Behauptungen der Geisteswissenschaftler zu konfrontieren. Kainz behauptet z. B., alle dem Tier abgenötigten Äußerungen

müßten in der vollen artspezifischen Form produziert werden, so daß kein Tier fähig ist, etwa den artspezifischen Schrecklaut in einer harmlosen Situation oder zur Täuschung auszustoßen. Ich weiß nicht, wieso Kainz auf dieses Beispiel kommt; aber damit läßt er sich besonders hübsch widerlegen:

Herr Dr. Gerhard Thielcke[62] und seine Frau Helga zogen in ihrem Arbeitszimmer im Zoologischen Institut der Universität in Freiburg viele Jahre lang Amseln und Singdrosseln auf. Die Tiere sind im Zimmer sicher vor Feinden, kennen den Menschen und entwickeln sich – vom Kenner gepflegt – ganz normal. Sie entwickelten aber auch ein bemerkenswertes Verhalten, das von freilebenden Amseln oder Singdrosseln bisher nicht bekannt war: Beide Arten haben einen Luftwarnruf, den sie ausstoßen, wenn etwas Bedrohliches vorbeifliegt. Hört eine Amsel oder Singdrossel diesen Ruf – ein gezogenes »ziii« –, so geht sie in Deckung oder verharrt bewegungslos, falls gerade keine Deckung erreichbar ist. Die Tiere reagieren, ohne sich erst von der drohenden Gefahr selbst zu überzeugen, was ja auch viel zu gefährlich wäre. Die im Zimmer aufgezogenen Tiere riefen zunächst diesen Warnruf in der »richtigen« Situation, wenn beispielsweise draußen vor dem Fenster ein Vogel vorbeiflog. Später »warnten« sie aber auch, wenn ihnen eine andere Drossel einen guten Brocken vor der Nase wegschnappte. Und schließlich rief das eine oder andere Tier sogar Alarm, wenn man die beliebten Mehlwürmer auf den Tisch brachte. Der Alarmrufende zeigte dabei keine Zeichen von Angst, die anderen aber gingen in Deckung oder verhielten sich ein Weilchen ganz still, und ließen so dem Rufer Zeit, ungestört Leckerbissen einzuheimsen.

Das ist nun genau die sinnreiche Neuanwendung des artspezifischen Warnlautes in harmloser Situation mit Täuschung der Artgenossen, zu der nach Kainz kein Tier fähig sein sollte. Ziemlich sicher enthält diese übertragene Anwendung des Luftwarnrufes viele erlernte Anteile. Dennoch reicht auch beim Rufenden die Einsicht in die Situation nicht so weit, daß er selbst gegen den Warnruf immun wäre. Wenn nämlich alle anderen in Deckung stürzten und dabei selbst warnten, die Warnung also weitergaben, dann reagierte darauf auch die Drossel, die den Alarm ausgelöst hatte; sie wurde einfach mitgerissen und ging ebenfalls in Deckung.

Nun könnte man einwenden, das seien eben Tiere gewesen, die engen Kontakt mit dem Menschen hatten und deswegen ja für Lügen anfälliger sein sollten – obwohl niemand weiß, wie das eigentlich gehen kann. Tatsächlich ist das geschilderte Verhalten bisher nur von gefangengehaltenen Drosseln bekannt. Und wenn man bedenkt, wieviel Situationskenntnis beim Beobachter nötig ist, damit er so etwas findet, wird es sehr unwahrscheinlich, das gleiche Verhalten in freier Natur, wenn es da vorkommen sollte, überhaupt wahrzunehmen.

Von einem anderen Tier aber kennen wir dasselbe aus freier Wildbahn. Dr. G. Rüppell[55] zeltete im Sommer 1967 am Diabasodden, einem Vogelfelsen im Isfjord Westspitzbergens, und beobachtete dort ein Eisfuchspaar mit vier Jungtieren. Die Fähe holte auch aus der

Zeltumgebung Nahrung und trug sie zum Bau, der etwa einen halben Kilometer entfernt war. Die hungrigen Jungen sprangen dann an ihr hoch und nahmen ihr die Nahrung ab. Einmal hatte die Fähe einen großen Käsebrocken erwischt. Ein Jungfuchs sprang sie bellend an, und sie ließ den Brocken fallen. Das Jungtier stellte sich neben den Brocken, drehte sein Hinterteil zur Mutter, hob den Schwanz und urinierte in ihre Richtung. Dann begann es zu fressen. Der Altfuchs ging ein paar Schritte umher und mußte zuschauen. Plötzlich hob er die Schnauze und stieß mehrmals den hohen Warnschrei aus. Sofort ließ der Jungfuchs den Brocken fallen und verschwand eilig in den Felsen. Die Fähe lief zum liegengebliebenen Käse und fraß ihn auf.

Ohne daß eine Gefahr erkennbar gewesen wäre, schickte die Fähe auch in anderen Fällen die Kinder mit dem Warnruf weg, wenn sie selbst ans Futter wollte. Wegbeißen kann sie die Kleinen nicht, da sie als Mutter ihnen gegenüber eine ausgeprägte Beißhemmung hat. Feinde haben die Eisfüchse auf Spitzbergen nicht, und gegen den selten auftretenden Menschen sind sie so zahm, daß sie ihm aus der Hand fressen. Also kommt auch hier der Feind-Warnruf in einer harmlosen Situation mit Täuschung der anderen vor, diesmal an einem freilebenden und nicht vom Menschen aufgezogenen Tier.

Bei einer zweiten Eisfuchsfamilie, die an anderer Stelle wohnte, trat solches »vorsätzliches Belügen« in vergleichbaren Situationen nicht auf, es ist also wohl nicht instinktiv verankert oder angeboren. Wie die Fähe der ersten Familie auf diesen Trick gekommen ist, weiß man nicht. Sie könnte die Scheuchwirkung ihres Warnrufes einmal in einer Situation erfahren haben, die ihr dann durch Zufall auch Vorteile brachte. Sie könnte aus dieser Erfahrung gelernt und begonnen haben, den Warnruf zu mißbrauchen. Denkbar wäre aber auch, daß sie das Davonlaufen der Jungfüchse auf den Warnschrei hin vorausgesehen hat, was ein gewisses Maß an Einsicht und vorausschauendem Handeln erfordert; dann wäre schon das erste Warnschreien in solcher Situation eine Lüge gewesen. Zumindest war es das aber in den nächsten Fällen, gleichgültig, wie die Fähe dazu gekommen ist.

Es besteht kein Zweifel, daß sowohl die Drosseln wie der Eisfuchs ein unter ihresgleichen übliches akustisches Verständigungssignal gezielt mißbrauchten und sich dadurch einen individuellen Vorteil auf Kosten der anderen verschafften. Damit ist die Behauptung widerlegt, daß nur der Mensch zur Lüge fähig sei und daß bei Tieren die Lüge ausscheide, weil ihnen die Sprache fehlt[52].

Jeder wird ohne weiteres einsehen, daß Mißbrauch des Warnrufes für den eigenen Vorteil unmöglich zur allgemein gültigen Norm in einer Sozietät werden kann. Solange jeder prompt darauf reagiert, würden sich Rivalen gegenseitig ins Bockshorn jagen und sich damit gegenseitig um die Belohnung bringen, so daß das ganze gar keinen Sinn hätte. Wenn es nur einzelne tun, werden die anderen ihnen gegenüber allmählich mißtrauisch werden. Das hat Dr. Rüppell an den Eisfüchsen sogar beobachten können. Ein Jungfuchs nämlich wich schließlich der warnenden Mutter zwar aus, kam jedoch stark geduckt und mit an die Hinterbeine gedrücktem Schwanz im Bogen wieder zurück. Die Mutter wiederholte daraufhin den Warnschrei mehrmals, aber ohne Erfolg. Der Jungfuchs hatte wohl inzwischen gelernt, daß trotz der Warnschreie keine Gefahr drohte. Damit wird der Warnschrei abgewertet und funktioniert dann auch im Ernstfall nicht. »Wer einmal lügt, dem glaubt man nicht, und wenn er auch die Wahrheit spricht.«

Deswegen wird allgemein auch dem Menschen das Lügen verboten. Nicht so sehr, weil dabei etwas Falsches als richtig hingestellt wird. Wer durchgängig immer »weiß« statt »schwarz« oder »links« statt »rechts«, »hungrig« statt »satt« oder »fröhlich« statt »traurig« sagte, wäre ein so schlechter Gesprächspartner nicht, weil man seinen »Tick« ja einrechnen und seine Aussage richtig verstehen könnte. Wer aber unvoraussagbar mal so, mal so redet, macht eine Kommunikation unmöglich und »lügt«. Und das kann ein auf soziale Kommunikation angewiesenes Lebewesen sich nicht leisten.

Wo Zusammenarbeit und Zusammenhalt in der Gruppe so lebensnotwendig sind wie etwa bei den Buschleuten der Kalahari, wird sogar umgekehrt heute noch »Exkommunikation« im wahrsten Sinne des Wortes, nämlich Abbruch der Kommunikation, als Strafe über ein Gruppenmitglied verhängt, das sich eine Verfehlung gegenüber der Gruppe zuschulden kommen ließ [58]. Und Individuen, die sich aus Temperaments- oder anderen Gründen der Gruppe schlecht einfügen, werden in dem, was sie sagen, höflich aber absichtlich mißverstanden, was ihnen bald den Abschied von dieser Gruppe erleichtert.

Heute wird das Gebot »Du sollst nicht lügen« gewöhnlich so ausgelegt, wie eben besprochen. In der juridischen Sprache des Alten Testaments steht allerdings: »Du sollst gegen deinen Nächsten nicht aussagen als Lügenzeuge.« Es ging da nicht um das Lügen im allgemeinen, sondern um die todeswürdige Lüge eines Zeugen vor Gericht, durch die ein Unschuldiger bestraft worden wäre. Das steht ausdrücklich im deuteronomischen Gesetz (Dt 19, 18–20): »Ist der Zeuge aber ein Lügenzeuge, hat er seinen Bruder fälschlich beschuldigt, so sollt ihr ihm antun, was er seinem Bruder anzutun gedachte. So sollst du das Böse aus deiner Mitte ausrotten.«

Ich gebe gern zu, daß diese Fassung des Gebotes auf eine typisch menschliche Handlungsmöglichkeit zugeschnitten erscheint und daß man kaum vermuten wird, es gäbe auch dafür eine biologische Wurzel im tierischen Bereich. Dennoch gibt es sie, und die verbotene Handlungsweise ist wiederum nicht auf den Menschen beschränkt.

Dr. Hans Kummer von der Universität Zürich hat jahrelang Mantelpaviane im Zoo und im Freiland in Äthiopien beobachtet. Diese Affen haben eine ziemlich strenge Rangordnung unter den Mitgliedern jedes Trupps. Haben sich rangtiefe Tiere zu weit vom Trupp entfernt oder vorwitzig Futter erhascht, auf das Ranghohe Anspruch erheben, so werden sie von den Ranghohen attackiert. Derartige Angriffe fangen sie mit einer Unterwürfigkeitsgeste ab: sie präsentieren dem Angreifer ihr Hinterteil, das gerade bei Mantelpavianen auffällig rot gefärbt ist. So beschwichtigen sie aber nicht nur nach einer Handlung, wenn der Gruppengenosse bereits zornig ist, sondern sie tun es auch schon gewissermaßen vorbeugend, z. B. wenn ein Rangtiefer dicht an einem Ranghohen vorbeigeht, was dieser ja als Provokation auffassen könnte. Solch eine vorweggenommene Beschwichtigung hat besonders stark den Charakter eines Grußes.

Mit diesem Gruß können die Affen nun aber auch Mißbrauch treiben, am deutlichsten in folgender Situation, an der drei Affen beteiligt sind, ein ranghohes Tier und zwei rangniedere, die untereinander gleichrangig sein können. Wenn eins von diesen aus irgendeinem Grund mit Kreischen, Drohmimik und sonstigen Kampfbewegungen seinen Genossen bedroht, stellt es sich oft so, daß es zugleich sein Hinterteil dem anwesenden Ranghöchsten präsentiert. Dieser greift ziemlich regelmäßig in einen Streit seiner »Untergebenen« ein und greift seinerseits an, womit die Sache sozusagen von höchster Stelle entschieden ist. Wenn nun aber der Unruhestifter schon vorsorglich »grüßend« vor dem Ranghohen steht, kann der ihn nicht angreifen und muß deshalb, wenn er Ruhe schaffen will, den Bedrohten vertreiben. Durch sein unterwürfiges Gebaren zwingt der Störenfried den Ranghohen dazu, auf einen Dritten zornig zu werden, der von sich aus gar keinen Anlaß dazu gab. Auf diese Weise kann sogar ein rangtiefes Tier ein ihm überlegenes Gruppenmitglied durch den Ranghöchsten vertreiben lassen. Dasselbe Verhalten ist von Steppenpavianen und von Rhesusaffen bekannt geworden[30]. Es scheint, daß auch dieses Verhalten von verschiedenen Individuen »erfunden« wird; sie können dann – wie ein falscher Zeuge – einen Unschuldigen durch die Obrigkeit bestrafen lassen. Hier ist der erste kleine Schritt getan, Eigennutz über Gemeinnutz zu stellen.

Nachdem also gezeigt ist, daß diese Gefahr schon im Tierreich auftritt, möchte man nun wissen, wie sie dort gebannt wird. Leider ist darüber noch nichts bekannt. Einen Gegenmechanismus aber muß es geben, denn obwohl naheliegend, nimmt dieses Verhalten doch nicht überhand. Deutlich ist aber, daß auch das Achte Gebot eine biologische Wurzel hat, nach der zu forschen wohl ein Gebot der Vernunft ist.

Das Eigentum — Du sollst nicht stehlen

Ein bekanntes Sprichwort sagt: Wer lügt, der stiehlt auch. Im Dekalog wird uns das Stehlen gleich zweimal verboten, im Siebten und im Zehnten Gebot. Das Siebte bezog sich ursprünglich auf den Fall, daß ein freier israelitischer Mann geraubt wurde, um als Sklave verkauft zu werden. »Wenn jemand dabei betroffen wird, daß er einen von seinen Brüdern, einen Israeliten, stiehlt und ihn als Sklaven behandelt oder verkauft, so soll ein solcher Dieb sterben« (Dt 24, 7). Das Zehnte Gebot bezieht sich auf die freventliche Aneignung fremden Eigentums.

Daß es eine Tendenz zu letzterem auch schon unter den Tieren gibt, ist fast unumstritten. Als typisches Beispiel ist wohl jedem der Kampf um Reviere bekannt. Territorium als persönliches Eigentum und Territorialinstinkt als Wurzel unseres Strebens nach Besitz von Grund und Boden und anderer lebenswichtiger Dinge behandelte kürzlich Fritz Frank[15] in einer kleinen Schrift recht ausführlich. Er betont, daß »das Streben nach persönlichem Eigentum, das naturfremde Geister immer wieder für eine Erfindung des sündig oder kapitalistisch gewordenen Menschen gehalten haben, in Wahrheit ein integrierender Bestandteil hochorganisierten Lebens und damit schon mehrere hundert Millionen Jahre alt ist« (S. 17).

Damit mag er recht haben. Aber mir scheint, das ist noch nicht die uns interessierende Seite des Eigentums. Ihm geht es um das *umkämpfte* Eigentum, das von anderen begehrt und von seinem Besitzer verteidigt wird und solange sein Eigentum bleibt, wie er es fertigbringt, die Konkurrenten davon fernzuhalten. Und das schafft er, soweit seine Kampfkraft und sein Schneid reichen. Die Betonung liegt hier auf der Verteidigung, auf dem *Besitzen* des Besitzes. Nicht jeder Besitzer aber kämpft ununterbrochen um seinen Besitz. Hat er sich einmal als der Stärkere erwiesen, dann wird eine Zeitlang auch sein Besitz von den anderen respektiert. Dennoch verliert er ihn, wenn er sich einmal nicht mehr bewährt. Wenn hingegen unsere Vermutung richtig ist, daß die Gebote des Dekalogs Forderungen sind, die nicht erst auf der Entwicklungsstufe des Menschen notwendig werden, dann müßte es schon im Tierreich andere Mechanismen als das Recht des Stärkeren geben, die das Streben nach Besitz kontrollieren. Wir fragen also nicht, wieviel Besitz ein Individuum verteidigen kann, sondern wieviel die anderen ihm zugestehen, ohne daß es darum kämpfen muß. Voraussetzung ist selbstverständlich, daß es dabei um Besitz geht, den alle anstreben. Dafür einige Beispiele.

Die schon genannten Mantelpaviane leben in Haremsgruppen, d. h. die erwachsenen Männchen besitzen mehrere Weibchen. In ausführlichen Freilandbeobachtungen mit geschickten Experimenten, über die kürzlich ein Film veröffentlicht wurde, hat Hans Kummer nun folgendes entdeckt: Sobald ein Männchen sich mit einem Weibchen zusammengetan hat, versucht kein anderes Männchen mehr, dieses Weibchen zu erobern. Ausnahmen gibt es nur dann, wenn man die Tiere aus verschiedenen Trupps durcheinandertreibt, so daß die Übersicht verloren geht. Selbst wenn man von zwei einzelnen Männchen im Käfig dem schwächeren ein Weibchen gibt und den stärkeren dann dazu in den Käfig bringt, versucht der Starke nicht, das Weibchen zu erobern, sondern setzt sich meist von den beiden abgewandt in eine Ecke, als versuche er, möglichst nicht zu stören. Gibt man zuerst ihm das Weibchen, so nimmt er es ohne weiteres, und dann verhält sich der Schwächere betont uninteressiert. Also ist das Weibchen für beide erstrebenswert. Sobald es aber von einem in Besitz genommen wird, ist es für den andern tabu, und zwar auch für den Stärkeren. Er zeigt nun nicht mehr, daß er das Weibchen eigentlich doch begehrt, und vermeidet alle Machenschaften, die er anwenden könnte, um in den Besitz des Weibchens zu gelangen.

Ich habe vorn darauf hingewiesen, daß in Israel das Weib des Nächsten ursprünglich zum Hab und Gut zählte und erst später im heutigen Neunten Gebot besonders geschützt wurde. Die vormenschliche biologische Situation ist in diesem Mantelpavian-Beispiel deutlich gekennzeichnet.

Bei allen Pavianen und auch bei anderen Affen sind ferner die Jungtiere besonders begehrt. Vor allem kinderlose Weibchen wollen die Kleinen tragen und pflegen, und in vielen Fällen übernehmen sie richtige Tantenrollen[54]. Mantelpavian-Waisenkinder werden von gerade geschlechtsreifen Jungmännchen weiter betreut, und allgemein genießen die Jungtiere ausgesprochene Narrenfreiheit. Die Kleinkinder der Languren und Hulmane, langschwänziger asiatischer Affen, sind goldgelb wie Teddybären und werden von allen Weibchen der Gruppen reihum gepflegt und sogar, wenn möglich, gesäugt[25]. So begehrt das Kind aber auch ist – die eigene Mutter kann es jederzeit zu sich zurücknehmen. Auch stärkere Weibchen, die das Kind gern hätten, versuchen nicht, es für sich zu behalten. Jeder Mutter wird also ihr Kind als Eigentum zugestanden.

Freilebende Schimpansen fressen gern Fleisch. Sie gehen auf Jagd und erbeuten dabei kleine Paviane und andere Affen, Waldschweine oder Antilopen. Das hat Dr. Jane van Lawick oft beobachtet. Der erfolgreiche Jäger ist dann im Besitz des von allen begehrten Fleisches. Und nun zeigt sich, daß es in der Schimpansen-Gruppe keinen Zweifel darüber gibt, wer der Eigentümer der Beute ist. Selbst ranghöhere Männer, die dem Jäger die Beute ohne weiteres mit Gewalt abnehmen könnten, setzen sich statt dessen neben ihn und bitten mit offen vorgestreckter Hand um ein Stück Fleisch. Meist bekommen sie auch etwas, aber durchaus nicht immer und oft erst nach langem Warten[31]. Wichtig ist in diesem Zusammenhang nicht so sehr, daß das Fleisch durch Bitten und Geben verteilt wird, sondern daß wieder das von allen begehrte Objekt als Eigentum eines einzelnen tabu ist und ihm von den anderen zugestanden wird.

Man könnte weitere Beispiele aufzählen. Die australischen Zebrafinken etwa übernehmen auf der Nistplatzsuche mit Vorliebe leerstehende Nester und benutzen sie als Schlafnest. Niemals aber betreten sie ein Nest, das Eier oder Junge enthält. Ein solches Nest hat dann deutlich erkennbar einen Besitzer und ist geschützt, auch wenn der Eigentümer abwesend ist. In Gefangenschaft gezüchtete Zebrafinken achten dieses »Tabu« übrigens oft nicht mehr[24].

Damit ist gezeigt, daß es Tieren tatsächlich möglich ist, sowohl zu lügen als auch zu stehlen, und daß schon diese Tiere über Verhaltensmechanismen verfügen, die beides einschränken oder verhindern. Die entsprechenden Gebote aus dem Dekalog haben die gleiche Aufgabe: Sie sollen ein auch biologisch gegebenes Problem lösen.

Die sexuelle Partnerschaft — Du sollst nicht ehebrechen

1

Im Jahre 1954 bezog der Große Strafsenat des Bundesgerichtshofes in Karlsruhe, die oberste Instanz der Strafjustiz in der Bundesrepublik, folgenden Standpunkt: Es existiert ein für den Menschen erkennbares objektives Sittengesetz, dessen Verbindlichkeit auf der vorgegebenen Ordnung der Werte beruht, die von allen Menschen hinzunehmen ist. Dieses Sittengesetz hat »dem Menschen die Einehe und die Familie als verbindliche Lebensform gesetzt und diese Ordnung zur Grundlage des Lebens der Völker und Staaten gemacht«.
Wir haben aber schon gesehen, daß bereits erste Testuntersuchungen an einigen ausgesuchten Tierarten erkennen lassen, einen wie bedeutenden Einfluß ökologische, also Umwelt-Faktoren auf die Struktur der Sozietät und der Familie haben (vgl. S. 62). Wenn man also vermutet, daß die verschiedenen Sozietätenformen ein und derselben Art (oder nah verwandter Arten) Anpassungen an die Umwelt sind, die der Art das Überleben unter verschiedenen Bedingungen erleichtern, dann wird man vermuten dürfen, daß dasselbe auch für den Menschen gilt. Zu diesem Thema haben wir gerade ausgedehnte Untersuchungen laufen,

über die ich hier nicht berichten kann. Es ist aber schon länger bekannt, daß die bei nur wenigen Völkern vorkommende Vielmännerei mit bestimmten Wirtschaftsformen zusammenhängt. In Tibet z. B. kommt sie nur sehr selten bei viehzüchtenden Nomaden, häufiger aber in den ärmeren Ackerbaugebieten vor; Ursache ist stets die begrenzte Bodenfläche, die man nicht beliebig weiterteilen kann, oder die Wasserarmut. »Der Grund, der für die ganze odiöse Sitte angegeben wird, sind Unfruchtbarkeit des Bodens und die schmalen Landparzellen, die trotz Wassermangels gerade noch bestellt werden können. Die Ernte reicht, wenn die Brüder zusammenleben; würden sie jedoch getrennte Familien bilden, dann würden sie zu Bettlern herabsinken.« [21] Von den Eskimos berichtet der berühmte dänische Forscher Peter Freuchen [16], daß, wo Frauenmangel herrscht, mehrere Männer eine Frau gemeinsam besitzen, daß weit umherstreifende Jäger aber an verschiedenen Orten auch Anrecht auf eine andere als die eigene Frau haben. In keinem Fall ist das Sexualleben oder Familienleben ungeregelt. Diese sozialen Beziehungen wechseln; aber nicht etwa beliebig, sondern den jeweiligen Umständen angemessen. »Das Ausleseprinzip, das die Viehzucht der Bororo kennzeichnet, hat auch für die eigene Fortpflanzung Gültigkeit. Die von ihnen praktizierte Inzucht erlaubt es den Edlen, ihr Blut rein zu erhalten. Ihr Schönheitskult und die Wichtigkeit, die sie der Körpervollendung beimessen, hat zu der ›Teggal‹ genannten Sitte geführt, die es einer jungen Frau gestattet, ihren Bräutigam oder Mann für einen Zeitraum von mehreren Monaten bis zu zwei Jahren zu verlassen, um mit dem beim Tanz erkorenen Mann ihrer Wahl zu leben. Bei Sippen- und Stammestreffen werden schöne junge Menschen als ›Togo‹ oder ›Schönheitsträger‹ zusammengegeben. Aus rassischen Gründen unterwerfen sich die Ehemänner dieser Sitte ohne Schamgefühl und ohne Eifersucht.« [17]

Deshalb ist es äußerst wichtig – trotzdem jedoch bisher kaum geschehen –, die Eheformen der verschiedenen Völker und die desselben Volkes zu verschiedenen Zeiten seiner Geschichte mit den übrigen Lebensbedingungen im Zusammenhang zu sehen. Denn eine angeblich für alle Menschen verbindliche Ehe- und Familienform auch den Völkern zu bringen, bei denen wir sie vermissen, darf man erst dann versuchen, wenn man weiß, welche anderen Umstände man mit ändern muß, um eine solche Familienform zu erleichtern oder überhaupt erst möglich zu machen. Wer einmal versucht, die daran beteiligten Faktoren zu ermitteln, sieht rasch, wie wenig wir darüber noch wissen.

Dieser Gesichtspunkt gilt natürlich nicht nur für Völker verschiedener Rassen oder Zeitalter. Man wird auch prüfen müssen, ob es innerhalb dessen, was wir ein Volk nennen, zu gleichen Zeiten verschiedene Bedingungen gibt, die bei den Untergruppen oder Volksschichten verschiedene Eheformen begünstigen. Und dasselbe gilt dann wohl auch für das einzelne Individuum, das im Laufe seines Lebens wechselnden Bedingungen unterliegt. Natürlich kann der einzelne nicht je nach den Umständen die Form seiner Ehe wechseln; aber es wäre doch wohl nützlich zu wissen, ob man in einer mehr oder weniger guten Passung zwischen Sozialstruktur und Umweltanforderung wenigstens einige Gründe für soziale Spannungen – ob in der Familie oder in anderen Individuenverbänden – finden kann.

Das, was man beim Menschen zuweilen eine »Höherentwicklung zur Monogamie hin« nennt, ist im Tierreich nicht zu finden. Keine der vielerlei Ehe- oder Familienformen ist regelmäßig Anfang oder Ende von Entwicklungsreihen, auch die Monogamie nicht, die unter Tieren recht weit verbreitet ist. Vielmehr gibt es, soweit wir das rekonstruieren können, sowohl Entwicklungen zur Monogamie hin wie von ihr weg. Ähnliches gilt für die anderen Familienformen.

Wenn man sich auf die Zahl der Nachkommen bezieht, kann man messen, ob unter gegebenen Bedingungen Partnerwechsel oder lebenslanger Partnerzusammenhalt, ob Saisonehe oder Dauerehe vorteilhafter sind. Das hat J. Coulson in zwölfjähriger Beobachtung an einer Kolonie der Dreizehenmöwe getan[8]. Paare, die erfolgreich gebrütet haben und zusammenbleiben, legen im nächsten Jahr mehr Eier, von denen sich ein höherer Prozentsatz zu flüggen Jungen entwickelt als bei gleichaltrigen Tieren, die den Partner wechselten. Ein Partnerwechsel – gleichgültig aus welchem Grund – beeinträchtigt also den Fortpflanzungserfolg, und diese Nachwirkung ist noch mindestens zwei Bruten später nachweisbar (entsprechend vorteilhafter ist ein ebenso langer Paarzusammenhalt). Dennoch wechseln manche Tiere den Partner, auch ohne daß er stirbt oder verschwindet, nämlich oft nach einer mißlungenen Brut. Das heißt nicht, daß die Tiere auf diesen Fehlschlag hin beschlossen hätten, sich zu trennen; viel wahrscheinlicher ist, daß der Brutmißerfolg und die Trennung dieselbe Ursache hatten, nämlich daß die Partner nicht zueinander paßten. Dann besteht die Aussicht, bei der nächsten Wahl einen passenden Partner zu finden. Findet er sich, dann ist der Bruterfolg zwar geringer als bei einem länger verpaarten, aber doch deutlich größer als bei einem unverträglichen Paar. – Das mag als ein Beispiel für die biologische Begründbarkeit einer Eheform genügen.

Ich habe in einem anderen Buch die ›Naturgesetze der Ehe‹ [71] ausführlich behandelt und kann mich deswegen hier auf zwei mir wesentliche Gesichtspunkte beschränken: den Partnerzusammenhalt sowie den Sexualmißbrauch und die Sexualnormen.

Für den Zusammenhalt zweier Individuen kann eine gegenseitige Bindung aneinander, oder eine nur einseitige Bindung des einen an den anderen, oder eine Bindung beider an irgendein anderes Objekt in Frage kommen. Deshalb ist es oft sehr schwierig – bei tierischen wie bei menschlichen Paaren – herauszufinden, was sie wirklich zusammenhält. Vom Storch z. B. weiß man inzwischen ziemlich sicher, daß er eine Ortsmonogamie führt, d. h. daß beide Partner weitgehend unabhängig voneinander mit demselben Nest »verheiratet« sind und sich deswegen Jahr für Jahr dort wiedertreffen und gemeinsam ihre Brut aufziehen. Von anderen Tieren ist bekannt, daß sie eine anonyme Monogamie führen: Jedes Individuum bekämpft alle gleichgeschlechtlichen Rivalen; da also das Weibchen alle anderen Weibchen, das Männchen alle anderen Männchen vertreibt, können genau zwei Tiere verschiedenen Geschlechts zusammenleben. Sie sind aber austauschbar: Gewinnt in einem Kampf der Neuankömmling, so übernimmt er die Stelle des einen Partners.

Interessanter für uns sind die Fälle, in denen die Partner einander individuell erkennen, keiner also einen anderen Artgenossen mit dem Partner verwechselt. Wieder ist es ungemein schwierig nachzuweisen, wo dieses individuelle Erkennen vorkommt und worauf es beruht. Individuelles Erkennen setzt individuentypische Kennmerkmale voraus, an denen sich ein Individuum nicht nur von anderen unterscheiden, sondern auch direkt wiedererkennen läßt: Den Größeren von zweien kann man nicht an seiner Größe wiedererkennen, wenn er allein auftritt oder wenn ein weiterer, gleich großer dazukommt. Es sollten also nicht Relationsmerkmale sein, an denen man den Partner kennt. Da die dem Individuum eigenen Merkmale aber nicht als solche gekennzeichnet sind, kann man sie nur durch Vergleich mit den anderen Individuen heraussondern. Beim Erkennen kann man die gesamte uns zugängliche Merkmalsfülle auswerten, in der dann die unverwechselbaren Eigentümlichkeiten des Individuums enthalten sind, ohne daß man sie nennen könnte; für den naturwissenschaftlichen Beweis individuellen Erkennens ist aber das Heraussondern der individuellen Merkmalskombination unumgänglich.

Bei vielen Säugetieren scheint ein Individualgeruch für das Erkennen wesentlich zu sein; daran läßt sich aber bisher wenig experimentieren, weil man Düfte nicht wie Töne oder Farben und Bewegung auf Tonband oder Film konservieren kann. Leichter zugänglich sind optische und vor allem akustische Signale. Welche Gestaltmerkmale entscheidend sind, wenn man jemanden am Gang, am Gesicht oder am Benehmen erkennt, ist schwer herauszufinden; welche Klangmerkmale es sind, wenn man ihn an der Stimme erkennt, ist dagegen viel leichter zu untersuchen, weil dabei nur wenige Parameter (Intensität, Frequenz und Obertöne) eine Rolle spielen können. Deswegen ist über individuelles Erkennen an akustischen Merkmalen auch am meisten bekannt. Auffällig sind akustische Rituale, die sogenannten Duette, die es bei monogam lebenden Singvögeln wie Nicht-Singvögeln und auch unter den Menschenaffen bei Gibbons gibt. Es sind Wechselgesänge aus genau aufeinander abgestimmten, oft individuentypischen Rufen und Melodien. In diesen, je nach Art einfachen bis hochkomplizierten Ritualen handeln die Partner auf Bruchteile von Sekunden genau aufeinander abgestimmt. Daran und an der paartypischen Motivgestaltung lassen sich natürlich die Paarpartner besonders gut erkennen. Die sehr genaue Abstimmung aufeinander scheint aber auch etwas mit der Bindung aneinander zu tun zu haben.

Gute Tierbeobachter sprechen oft von dem »Band«, welches zwei Individuen aneinander bindet, und von Verhaltensweisen, die eine solche Bindung stärken. Der Naturwissenschaftler muß nun versuchen, dieses Band als Phänomen so zu beschreiben, daß es wissenschaftlich faßbar wird, und es zu messen, damit man sich über eine Stärkung des Bandes einigen und die Angaben verschiedener Autoren dazu vergleichen kann. In einem noch laufenden speziellen Forschungsprogramm untersuchen wir zur Zeit, wie weit wechselseitige Abstimmungen im Verhalten – wofür Duette nur ein Beispiel sind – diesen Band-Effekt erzeugen können.

Wenn Partner gut aufeinander abgestimmt sind, so wird einer meist gerade das tun, was der andere »erwartet« hat. Es gibt Hinweise darauf, daß das Zentralnervensystem zuweilen nach Zuständen strebt, in denen das Geschehen von der Erwartung möglichst wenig abweicht, als gelte es, einen bestimmten inneren Zustand möglichst konstant zu halten. An gefangengehaltenen Tieren kann man oft sogenannte Bewegungsstereotypien beobachten, Bewegungsabfolgen am immer gleichen Ort und in genau gleicher Form. So reagieren z. B. Eichhörnchen ihren Bewegungsdrang ab, aber nicht, indem sie immer andere Wege oder Sprünge suchen, sondern indem sie eingefahrene Bewegungen eintönig wiederholen. Sie handeln ihr Bewegungsbedürfnis an bestimmten Stellen ab, an denen genau feststeht, was in der Umwelt geschieht, wenn das Tier einen Sprung nach oben oder eine Rolle rückwärts macht, welcher Zweig wohin schwankt, welches Brett klappert, und wo jede Bewegung wie im Schlaf sitzt. Das gibt es auch an freilebenden Tieren; bekannt ist, daß Fledermäuse von der Jagd auf genau gleichen Wegen mit den gleichen Schwenkungen im Flug in ihre Schlafhöhlen kommen, und wenn man ihnen vor den Eingang ein Brett stellt, sausen sie dagegen – nicht weil sie es nicht wahrnehmen könnten, sondern weil sie »wie im Schlaf« und ganz auf ihre Erwartung vertrauend handeln und mit nichts Unerwartetem rechnen.

So wie Tiere bekannte Wege und bekannte Bewegungsfolgen an bestimmten Orten dem Unbekannten vorziehen, so scheint es auch mit dem Partner zu gehen: Sie ziehen den vor, der ihre Erwartung möglichst genau erfüllt; und wenn sie die Erwartung der Realität anpassen, sind sie an den gebunden, an den sie sich einmal angepaßt haben, so wie das Eichhörnchen eine Bindung an die Ecke zeigt, auf die es seine eingefahrenen Bewegungen abgestimmt hat. So kann man sich vorstellen, daß über eine Art »Sparsamkeitsschaltung« im Nervensystem – die möglicherweise mit den Konstanzmechanismen zusammenhängt – wechselseitige Abstimmung eine Bindung der Partner aneinander hervorbringt. (Eine psychologische Parallele wäre, daß man sich im Bekanntenkreise gut entspannen kann, während Fremde deutlich anstrengend wirken.)

Normalerweise kann kein Lebewesen Fremden völlig ausweichen, wird also zu immer neuer Abstimmung mit der Umgebung und auch mit dem schon bekannten Partner gezwungen und lernt beide immer besser kennen. Den Ethologen wird es deswegen nicht wundern, daß die Bibel für die intimste eheliche Partnerbeziehung den Ausdruck »erkennen« verwendet. Es heißt nicht, »Adam zeugte ein Kind«, sondern »Adam erkannte seine Frau«. Zumindest vom Menschen wissen wir, daß der Partner ein Recht darauf hat, als Individuum erkannt und nicht einfach als irgendwie gekennzeichneter Besitz behandelt zu werden. Wer einen Mitmenschen mit Brandzeichen oder ähnlichem als sein Eigentum kennzeichnet, behandelt ihn eben nicht als

menschlichen Partner. Wenn es andererseits darum geht, die individuen- oder persönlichkeitstypischen Merkmale zu erkennen, so ist es vorteilhaft, dieses Individuum auf möglichst vielen Hintergründen zu sehen und Vergleichsmöglichkeiten mit möglichst vielen anderen Individuen zuzulassen. Wer einen Mitmenschen einsperrt, um ihn für sich zu haben, oder sich mit ihm von anderen abschließt, erkennt ihn weder biblisch noch biologisch als Partner. Auch im Tierreich finden wir individuelle Bindungen vor allem bei umhervagabundierenden Paaren oder Trupps; sehr revier- oder ortstreue Arten verlassen sich leicht auf den bekannten gemeinsamen Treffpunkt.
Wo die eheliche Partnerschaft ernstgenommen wird, müssen – so gesehen – die Partner freiwillig beieinander bleiben. Ehebruch beginnt dann beim »Nein« zum Partner.

2

Das Gebot »Du sollst nicht ehebrechen« bezog sich ursprünglich – wie die übrigen Gebote – auf Vergehen, die nach den Ausführungsbestimmungen auch anderer Gesetzessammlungen alter Zeit die Todesstrafe auf sich zogen. »Wenn einer mit dem Weibe seines Nächsten Ehebruch begeht, so sollen beide, der Ehebrecher und die Ehebrecherin, getötet werden« (Lv 20, 10). Ließ sich ein Mädchen verführen, wurde für beide die Todesstrafe angeordnet; wurde es vergewaltigt, sollte nur der Verführer sterben. »Für den Tatbestand des Ehebruchs ist nach israelitischer Auffassung nicht, wie bei uns, entscheidend, ob einer der beiden Beteiligten verheiratet ist, sondern nur, ob die beteiligte Frau verheiratet (bzw. verlobt) ist. Es spiegelt sich auch hier die Vorstellung wider, daß die Frau das Eigentum des Mannes ist und daß somit, wer sich an seinem Eheweibe vergreift, sich an seinem Eigentum vergreift.« Für die Verführung einer nichtverlobten Jungfrau ist deshalb keine Todesstrafe vorgesehen, aber der Verführer wird verpflichtet, sie zu heiraten (Ex 22, 16; Dt 22,28 f). »Die Orientalen haben ja bis zum heutigen Tage ein viel stärkeres Empfinden für den sozialen Charakter der geschlechtlichen Beziehungen als wir Abendländer, die wir diese Dinge gern als eine private Angelegenheit der Betroffenen betrachten.« [19] Hier mischen sich das alte männliche Besitzrecht (vgl. S. 52), die oben erwähnte Anerkennung der Frau als gleichberechtigte Partnerin und die biologische Einordnung der ehelichen Partnerbeziehungen in die Gruppeninteressen.

Lange Zeit hindurch bezog sich das berühmt-berüchtigte »Thema 1« der Sexualität in unserem Kulturkreis jedoch nicht so sehr auf den sozialen, sondern mehr auf den individuell-ethischen Aspekt: Man sagt, der Mensch könne seine geschlechtlichen Kräfte mißbrauchen; richtiger wäre wohl: er kann mit Hilfe dieser Kräfte andere Menschen mißbrauchen (wenn das Fehlverhalten nicht einfach krankhaft ist). Diese Furcht vor Mißbrauch hat traurige Folgen gehabt; angefangen von der Annahme, Keimzellen zu töten, sei fast (oder gar genau) so schlimm wie Mord, über die Einteilung des Körpers in ehrbare und unehrbare Zonen bis hin zum Verbot, Geburtenkontrolle mit Hilfe von Ovulationshemmern (also z. B. durch die »Pille«) zu betreiben. Zugrunde liegt dem die Meinung, Partnerbindung und Sexualität dienten, gemäß natürlichen Gesetzen, ausschließlich der Erzeugung von Nachkommen. Auch das habe ich schon an anderer Stelle ausführlich mit Beispielen widerlegt[71]. Bei den einfachsten Lebewesen, den Einzellern, gibt es die geschlechtliche Vereinigung, doch dient sie nicht der Vermehrung; Vermehrung wird durch Zellteilungen ohne geschlechtliche Vorgänge erreicht. Geschlechtliche Vereinigungen treten in bestimmten Zeiten auf, wenn Zellteilungen unterbleiben: Sexualität und Vermehrung schließen sich hier aus. Die biologische Bedeutung der geschlechtlichen Vorgänge liegt darin, daß verschiedene Erbanlagen gemischt, also genetische Monotonie vermieden und Variationsbreiten vergrößert werden. Bei vielen höher entwickelten Lebewesen und selbst noch bei Wirbeltieren wird dagegen die zur Fortpflanzung nötige Befruchtung ohne geschlechtliche Vereinigung der Individuen erreicht, etwa bei Tieren mit indirekter Sperma-Übertragung (wie z. B. bei unseren einheimischen Molchen) oder bei Tieren, die Eier und Spermien frei ins Wasser absetzen, was viele Fische tun. Dennoch gibt es gerade unter diesen Fischen schon Dauermonogamie als artgemäße Paarbeziehung.

Wo der Partner sorgfältig, oft längere Zeit vor der eigentlichen Paarung gewählt wird, ist eine artgemäße Partnerwahl besser gesichert, als wenn die Partner nur kurz in Kontakt kommen; denn das bietet Raum für

Irrtümer, aber wenig Chancen, sie zu korrigieren. Wird der Partner dann beibehalten, so birgt das zwar ebensoviel Hybridisierungs-Risiko wie eine oft wiederholte Partnerwahl; die Selektion wirkt aber stärker gegen ein Individuum, das sich völlig falsch verpaart, als gegen eines, das nur ab und zu einmal falsch wählt. Deshalb sind dauermonogame Arten im Vorteil gegenüber Arten ohne feste Partnerbindung, obschon bei diesen regelmäßig ein Geschlecht möglichst auffällig und unverwechselbar (etwa durch ein »Prachtkleid«) gekennzeichnet ist. Schon daß dauermonogamen Arten regelmäßig ein Prachtkleid fehlt, zeigt, daß die Partnerbindung denselben Effekt hat, nämlich die Arteigentümlichkeiten zu bewahren und Bastardierungen zu vermeiden.

In der außermenschlichen Natur kann man also unschwer sehen, daß geschlechtliche Vereinigung (Befruchtung), Fortpflanzung (Arterhaltung) und Partnerbindung verschiedene Aufgaben erfüllen und alle voneinander trennbar sind. Sekundär erst wird die Befruchtung mit der Vermehrung verknüpft, die Partnerbindung zur Brutpflege ausgenutzt, aber auch die geschlechtliche Vereinigung und die Brutpflege in den Dienst der Partnerbindung gestellt.

Es gibt regelmäßig bei brutpflegenden Arten besondere Signale und Verhaltensweisen, welche die Pflegehandlungen der Erwachsenen auslösen und auf die Jungen richten, die Jungtiere zur Mutter führen und sie in ihrer Nähe halten. Dieselben Signale und Verhaltensweisen übernehmen daneben bei vielen Arten partnerbindende Funktionen; von Artgenossen angegriffene

Tiere zeigen oft als Beschwichtigungsgebärden kindliches Verhalten und stimmen so den Angreifer wenigstens so weit auf Brutpflege um, daß er im Angriff nicht fortfahren kann. Aber auch zur Überwindung der Annäherungsscheu zwischen erwachsenen Artgenossen werden jene Verhaltenselemente eingesetzt, die in der Brutpflege Kontakt stiften: Die Futterübergabe durch Erwachsene an Kinder von Mund zu Mund wird bei den sozialen Insekten, bei vielen Vögeln, bei Raubtieren und Affen in die Paarbeziehung übernommen, entweder als Begrüßungsfüttern zwischen Partnern oder sogar, unter Fortfall der Futterübergabe, als Ritual, das wir »Schnäbeln« oder »Kuß« nennen. Als weitere Brutpflege-Elemente werden Fellsäubern, ritualisiert zum »Lausen« oder Streicheln, beschützendes Festhalten als Anklammern oder Umarmen und schließlich vielerlei zwischen Mutter und Kind übliche Lautäußerungen in die Paarbeziehung zwischen Erwachsenen übernommen. Zuweilen dienen sie nur dem Abbau der Kontaktscheu vor der Kopula und kommen im Paarungsvorspiel vor; dann werden sie oft irrtümlich als echt sexuelle Verhaltensweisen angesehen.

Betteln, das der Beschwichtigung eines Angreifers dient, ist unabhängig geworden von Hunger und Freßtrieb. Ähnlich können alle im Dienste des Soziallebens zweckentfremdeten Verhaltensweisen, die verschiedene Funktionen haben, auch ganz verschiedene Antriebe haben, anthropomorph gesprochen ganz verschieden »gemeint« sein. Dennoch sollen sie äußerlich formgleich bleiben; denn darauf, daß der Signalempfänger sie verwechselt, beruht ja ihre Wirkung. Noch mehr: Jeder Erwachsene, der beschwichtigendes Betteln als solches durchschaut und sich, da gar keine Brutpflege gefordert ist, in seinem Angriff nicht bremsen läßt, gefährdet den Zusammenhalt und die Überlebenschancen der Sozietät; deshalb wirkt in den häufigen Fällen, wo soziale Signale eine solche Doppelfunktion haben, die Auslese gegen eine bessere Signalunterscheidung auf seiten der Signalempfänger! Wer nicht auf die das Zusammenleben begünstigenden Kindchen- oder Weibchen-Imitationen hereinfällt, stört und schädigt das soziale Zusammenleben. Die Vorteile des Gruppenlebens müssen auf dem Wege der natürlichen Auslese dafür sorgen, daß dem Individuum Brutpflege- und Sexualattrappen »gefallen«, selbst wenn es sie als Attrappen erkennen sollte.

Neben den Brutpflege-Verhaltensweisen, die der Annäherung und dem Zusammenhalt der Geschlechts- und Gruppenpartner dienen, gibt es auch primär sexuelle Signale und Verhaltenselemente, die sekundär solche sozialbindenden Funktionen erhalten und deshalb nicht mehr immer sexuell »gemeint« sind. Das können Elemente der Kopulationseinleitung, es kann sogar die ganze Kopula sein. Das im Kapitel über das Lügen (S. 138) beschriebene beschwichtigende Darbieten der Kehrseite (»Präsentieren«) der Paviane und anderer Affen ist ursprünglich die weibliche Kopulationsaufforderung. In der ebenfalls dort beschriebenen »gesicherten Drohung« wird sogar die Gefahr sichtbar, das fürs Zusammenhalten des Trupps nötige Ansprechen auf diese Weibchenattrappe zum individuellen Vorteil und zum Schaden anderer Truppmitglieder zu mißbrauchen. Ich habe schon früher ausführlich erörtert[70], daß im Dienste des sozialen Präsentierens die Affenmännchen sogar bestimmte Brunstsignale der Weibchen imitieren, die diese als Kopulationsaufforderung senden; so haben Mantelpavian-Männchen ein leuchtend rotes Hinterteil als Imitation der weiblichen Brunstschwellung, brauchen es aber nicht zur Paarung (Männchen fordern ja nicht durch Präsentieren der Kehrseite zur Kopula auf), sondern nur im sozialen Zusammenhang. Wieviel eine Art es sich kosten läßt, eine Imitation weiblicher Signale am Männchen zu entwickeln, läßt direkt erkennen, wie wichtig für diese Art die neue, abgeleitete Bedeutung solcher Signale ist.

Das gilt nun auch für die Kopula selbst. Auch sie kann partnerbindende Funktion haben; daß das für den Menschen zutrifft, ist heute sogar von der neuen Erkenntnissen oft besonders zögernd folgenden katholischen Morallehre offiziell anerkannt. Wenn Partnerbindung und Nachkommenerzeugung zwei voneinander unabhängige Auswirkungen der Kopula sind, entsteht ein spezielles Problem, sobald die Erzeugung von Nachkommen unterbleibt, ihr aber nicht auch die Partnerbindung geopfert werden soll. Bei Pavianen führt erst eine ganze Serie, je einige Minuten voneinander getrennter Kopulationen zu einer Ejakulation. Durch diesen »Kniff« kann die einzeln ausgeführte Kopula zwar zur Bindung der Partner, kaum aber zur Nachkommenerzeugung führen.

Viele Tiere erzeugen gelegentlich oder regelmäßig mehr Nachkommen, als sie aufziehen können, weil zu bestimmten Zeiten bereits zu viele Individuen auf gegebenem Raum mit begrenztem Futterangebot leben. Oft setzen soziale Streßerscheinungen ein, bevor die Futterreserven erschöpft sind, nur weil die Bevölkerungsdichte zu hoch wird. Dieser Streß kann die sexuelle Reifung junger Tiere unterdrücken, blockiert aber erstaunlich oft nicht die sexuelle Betätigung der Erwachsenen, sondern führt eher dazu, daß die erzeugten Nachkommen wieder vernichtet werden. Bei Mäusen und anderen Nagetieren werden die bereits besamten Eier nicht in die Uterus-Schleimhaut der Mutter eingebettet, sondern gleich ausgestoßen. Bei wilden Kaninchen werden selbst halbentwickelte Embryonen in der Gebärmutter des Weibchens wieder aufgelöst. Bei Spitzhörnchen werden die neugeborenen Jungen aufgefressen. Außerdem erliegen den Streßsymptomen oft alte oder schwächere Erwachsene. Biologisch ist also sichergestellt, daß die Zahl der gleichzeitig lebenden Artgenossen in einer begrenzten Population nicht beliebig ansteigt. Dafür gibt es drei Wege: 1. die volle Entwicklung und (auch sexuelle) Reifung einiger Individuen zu hindern, 2. das sexuelle Verhalten zu verhindern, 3. Embryonen, Neugeborene oder erwachsene Individuen zu vernichten. Es scheint, daß da, wo das sexuelle Verhalten soziale und partnerbindende Aufgaben hat, es nicht verhindert wird, sondern daß statt dessen Nachkommen geopfert werden.

Man kann nun unschwer erkennen, welche Folgerungen sich daraus für den Menschen ergeben. Er hat über die natürlichen Gegebenheiten hinaus das Individuum für unantastbar erklärt. Wo das Individuum beginnt, ist nicht anders als willkürlich festzulegen; also kann man es als mit der Vereinigung der Keimzellen beginnend denken. Er hat ferner in das biologische System eingegriffen und Krankheiten und weitere Todesursachen bekämpft. Deshalb wird er immer wieder Gefahr laufen, mehr Nachkommen zu erzeugen, als – örtlich und zeitlich begrenzt oder nicht – tragbar sind. Er kann nun auch nicht zulassen, daß der von ihm selbst erzeugte soziale Streß bei den Frauen Fehlgeburten erzeugt, denn er weiß, daß er durch geeignete künstliche Hormongaben das keimende Leben retten kann; allerdings behebt das diesen Streß nicht, sondern verstärkt ihn. Es ist naturgesetzlich völlig unsinnig und kann keine ethische Forderung sein, gegen die konkreten biologischen Gegebenheiten ein natürliches System durch einseitige Eingriffe und zum eigenen Schaden aus dem Gleichgewicht zu bringen. Also sind kompensierende Eingriffe unerläßlich. Das zeigen schon die hohen Abtreibungsziffern; nur ist Abtreibung unökonomisch (weil gesundheitsschädigend) und ethisch nicht zu rechtfertigen. Denn die Grenze, an der das Individuum beginnt, muß man ziehen. Man kann sie aber nur willkürlich ziehen. Da das Individuum ein Recht auf Leben hat, kommt an dieser willkürlich festgelegten Grenze die Ethik ins Spiel. Dann sind Eingriffe nur noch an zwei Stellen möglich:

1. Das sexuelle Verhalten wird unterdrückt; dann entstehen keine Nachkommen, aber man nimmt deutlich individuelle Beeinträchtigungen und Gefahren für die eheliche Partnerschaft in Kauf, was offenbar schon im Tierreich umgangen wird.

2. Die Entstehung von Nachkommen aus dem Sexual-

verhalten wird unterdrückt. Diese Lösung ist typisch menschlich, weil außer dem Menschen wohl kein Lebewesen die nötige Einsicht hat, an dieser Stelle gezielt in die natürlichen Abläufe einzugreifen. Außerdem bleiben das Leben und die Freiheit jedes Individuums unangetastet. Die immer noch umstrittene Anwendung von sogenannten »Verhütungsmitteln« läßt sich also mit den Forderungen der Biologie ebenso in Einklang bringen wie mit den Forderungen der Ethik. Es scheint sogar die dem Menschen heute angemessene Lösung für seine durch menschlich-ethische Forderungen aufgeworfenen biologischen Probleme zu sein. Damit ist weder behauptet, daß es nicht noch bessere Lösungen geben, noch daß der Gebrauch von Verhütungsmitteln amtlich befohlen werden kann. Wohl aber möchte ich behaupten, daß ein generelles Verbot der Anwendung von Verhütungsmitteln, wie es vom derzeitigen Papst wiederholt ausgesprochen wurde, jeder Begründung durch eine natürliche Gesetzlichkeit entbehrt, also widernatürlich ist – und zwar auch dann, wenn man sich auf die besondere Natur des Menschen bezieht, weil er ja sich der »Erde« als der übrigen Schöpfung nicht unterwerfen, sondern über sie herrschen soll.

Ebenso widernatürlich ist eine Sexualmoral, die nicht berücksichtigt, daß viele Verhaltenselemente, die auch im Begattungsvorspiel vorkommen, nicht nur oder nicht einmal vorwiegend die Aufgabe haben, sexuell aufzureizen, daß sie vielmehr der Bindung der Partner und ihrer vollkommeneren Abstimmung aufeinander (s. S. 157) dienen. Die meisten Zärtlichkeiten außerhalb des unmittelbar sexuellen Geschehens sind nicht etwa fehl am Platze, sondern für die Aufrechterhaltung einer echten Partnerschaft unumgänglich. Das ist nun zwar, meine ich, leichter aus unmittelbarem Erleben als auf Umwegen aus der Biologie und der Verhaltensforschung zu entnehmen; aber es ist eben auch daher zu entnehmen. Und das berechtigt den Ethologen in diesem Fall, Kritik an manchen ethischen Normen, an alten oder neuen moralischen Ge- und Verboten, zu üben und aufgrund seiner naturwissenschaftlichen Erkenntnisse Normenänderungen vorzuschlagen[71].

Exkurs
Wer ist Schrittmacher in der Evolution?

Wenn man Merkmale des Körperbaus und des Verhaltens nebeneinander betrachtet, kann die Frage aufkommen, was sich in der Evolution zuerst ändert. Ändert sich zuerst die Form etwa des Vogelschnabels, und lernt der Vogel dann, was er mit diesem Schnabel am besten fressen kann, oder ändert sich zuerst seine Vorliebe für ein bestimmtes Futter und begünstigt die Auslese dann diejenigen Schnabelformen, mit denen er seiner Vorliebe am besten frönen kann? Der 1938 verstorbene berühmte englische Psychologe William McDougall, dessen Buch ›Psychology; the study of behaviour‹[40] bis 1945 bereits 21 Auflagen erlebte, schreibt darin: »Die fortschreitende Evolution ist primär eine Evolution des seelischen und erst sekundär eine des körperlichen Gefüges. Denn überall können wir feststellen, daß sich der Körper der Lebensweise und der Umgebung des Tieres anpaßt.« – »Der Wechsel der Lebensweise und des Verhaltens führt zu einem Wechsel des Körpergefüges.« – Also »passen die Individuen jeder Generation ihr Verhalten, so gut sie können, der neuen Umwelt an, während das Körpergefüge allmählich nachfolgt. So weist die seelische Entwicklung den Weg, und die Entwicklung des Körpers ist in der

Hauptsache eine Folgeerscheinung« (S. 137). Sein philosophischer Kollege Herbert Spencer, der als Grundgedanken die Entwicklung alles Seienden vertrat, bezeichnete jeden Schritt seelischer Entwicklung als Auswirkung oder Ausdruck eines entsprechenden Schrittes nervlicher Entwicklung. Damit sind die hier gemeinten »seelischen« Merkmale durchaus der Verhaltensforschung zugänglich, und die Überlegungen von McDougall führen den alten ethologischen Forschungsansatz von Saint-Hilaire und Dollo (s. S. 64) weiter.

Der Schluß, die Verhaltensweisen seien Schrittmacher der Evolution und der Körperbau ändere sich im Schlepptau des Verhaltens, ist seither oft bestätigt worden. Wenn ein Landsäugetier schwimmen will, so läßt es sich nicht zuerst Flossen wachsen, sondern ändert die Bewegungskoordination seiner vorhandenen Gliedmaßen. Bleibt es im Wasser, so wird sich die Form dieser Gliedmaßen der bevorzugten Bewegungsweise anpassen; Seehunde und Wale haben tatsächlich flossenförmige Arme und Beine. Genauer ausgeführt habe ich das an verschiedenen Beispielen an anderer Stelle[68]. Verhaltensweisen, die ja durch Impulsmuster des Nervensystems zustande kommen, sind dazu da, den starren Körperbau des Individuums wechselnden Anforderungen anzupassen; kein Wunder, daß sie sich auf eine neue Anforderung früher einstellen als der Körperbau.

Das hat aber einige Konsequenzen für die Aufstellung ethischer Normen. Auch das habe ich unter den Naturgesetzen der Ehe[71] ausführlich dargelegt und möchte deswegen hier nur kurz darauf eingehen. Bei Plattwanzen, zu denen auch die Bettwanze gehört, gibt es eine Entwicklung des männlichen Kopulationsverhaltens, die dazu führt, daß das Männchen schließlich seine Genitalien nicht mehr in die des Weibchens einführt, sondern das Weibchen oben auf dem Rücken ansticht. Das ist unnatürlich, wenn man es auf die Lage und den Bau der vorhandenen Geschlechtsorgane bezieht. In der Natur führte das aber nicht zu einer Ausmerzung dieser »Verirrung«, sondern zu ihrer Normalisierung: Der Körperbau des Weibchens paßt sich dieser »extragenitalen Kopulation« an. Die Weibchen entwickeln nämlich am Rücken dort, wo der Einstich am ehesten zu erwarten ist, eine neue, kompliziert gebaute Öffnung, eine sekundäre Kopulationsöffnung, in die hinein das Männchen kopuliert; und darunter liegt ein besonderes Gewebe, das die inneren Geschlechtswege ersetzt und die Spermien sammelt. Ähnlich geht es oft: Begattungsorgane entstehen am männlichen Körper an solchen Stellen, mit denen es das Weibchen im Laufe der Annäherungsversuche am ehesten berührt. Die Männchen der Tintenfische benutzen zur Kopulation einen ihrer Arme, auf den sie vorher das Spermienpaket absetzen; Spinnenmännchen führen das Sperma mit den Kiefertastern in die weibliche Geschlechtsöffnung ein. Die Männchen der lebendgebärenden Zahnkarpfen (z.B. der Guppies und Schwertträger, die jeder Aquarianer kennt) bilden die ersten Strahlen der Afterflosse zum Kopulationsorgan um; bei Haien und Rochen entsteht ein Kopulationsorgan aus den Bauchflossen. Ein Penis als Verlängerung der männlichen Geschlechtsöffnung ist viele Male entstanden, bei manchen Groppen (Meeresfischen), beim Medizinischen Blutegel, bei einigen Milben, bei Weberknechten, bei den meisten Insekten, bei einigen wenigen Vögeln (Strauß, Entenvögel), bei Eidechsen und Schlangen und unabhängig davon bei Schildkröten, Krokodilen und Säugetieren. Entsprechend verschieden sind die Struktureinzelheiten dieser Kopulationsorgane und die Verhaltensweisen bei der Paarung.

Da also naturgemäß Verhaltensänderungen in der Evolution vorangehen, kann man aus dem Körperbau und der Form der Organe keine Regeln dafür ableiten, wie diese Organe gebraucht werden dürfen; das hieße nämlich, die Verhaltensentwicklung dem Körperbau unterzuordnen. Man kann also nicht etwa argumentieren, der Mensch müsse aufrecht gehen, weil sein Körper so und so gebaut sei; oder dem Menschen sei die Paarung nur in jener Stellung angemessen und erlaubt, in der die Partner einander zugewandt sind, weil die Geschlechtsorgane entsprechend gelegen sind.

So wie die Organe, die schließlich zu Begattungswerkzeugen werden, vorher eine andere Aufgabe gehabt haben (häufig waren sie Beine, Mundgliedmaßen und anderes), so wechseln auch viele andere Organe ihre Funktion. Dabei geht die alte Funktion oft nicht einmal ganz verloren. Wenn das zur Paarung führende Sozialverhalten die Entwicklung eines Penis als Begattungsorgan vorkanalisiert, kann dieses männliche Begattungsorgan in alle die Funktionen mit eintreten, in denen dasjenige Verhalten eine Rolle spielt, das die Ausbildung dieses Organs nahelegte. So kommt es, daß der Penis einiger Strudelwürmer zum Beutefang benutzt wird (weil das Männchen sich dem Weibchen wie einer Beute nähert), und daß der Penis mancher Säugetiere und des Menschen als Rang- und Drohzeichen wirkt[70,71].

Ebenso leicht wechselt die biologische Funktion von Verhaltensweisen. Kopulationsaufforderungen können zu Beschwichtigungsgesten, Fütterbewegungen zu sozialen Grußgesten werden (s. S. 158), und oft bestehen auch hier beide Funktionen nebeneinander weiter; das Präsentieren der Paviane ist nach wie vor Kopulationsaufforderung, daneben aber (nach der Häufigkeit des Auftretens sogar vorwiegend) auch Unterwürfigkeits- oder Beschwichtigungsgeste; der naive Beobachter, der den Unterschied nicht weiß, schließt daraus oft auf eine Hypersexualisierung dieser Tiere, weil er alle Gesten für sexuell gemeint hält, die manchmal sexuelle Funktionen haben.

Bei Säugetieren haben sich an dem Geschlecht, das am stärksten Brutpflegeverhalten zeigte, die Milchdrüsen entwickelt (angelegt sind sie auch am anderen Geschlecht). Wieder folgt hier der Körperbau dem Verhalten.

Das Junge lernt die Milchquelle aber nicht nur als Nahrungsspender, sondern auch als Stelle der Geborgenheit kennen. Jungtiere (schon bei Antilopen, vor allem aber bei Affen) fliehen deshalb, auch wenn sie schon fast selbständig sind, bei Beunruhigung an die Brust der Mutter, nicht weil sie Hunger haben, sondern weil sie Schutz suchen. So macht die Mutterbrust einen Funktionswechsel mit; bei verschiedenen Affenarten kann die Mutter ihr Junges dadurch herbei»rufen«, daß sie ihm die Brust vorweist. Je auffälliger die Brust ist, desto besser wirkt dieses Signal (sofern die Tiere vorwiegend optisch orientiert sind). Außerdem behält die Brust diese anlockende Signalwirkung in der Sozietät auch gegenüber Erwachsenen. Beim sogenannten »Blutbrust-Pavian«, dem Dschelada aus Äthiopien, ist die weibliche Brust im Dienste dieser sozietätenbindenden Funktion durch ein großes Felldekolleté und auffällige rote Farbe mit weißer Hautrüsche zum sozialen Signal geworden. Beim Menschen geschah dasselbe, nur wurde hier nicht die Farbe der Brust, sondern ihre Form betont. Auch dazu gibt es viele weitere interessante Details und Parallelen[71].

Wichtig im hier behandelten Zusammenhang ist die Feststellung, daß der Körperbau dem Funktionswechsel von Organen folgt und daß Funktionsänderungen von Organen wie von Verhaltensweisen keine Ausnahmeerscheinungen, sondern geradezu ein Evolutionsprinzip sind.

Wenn in der Natur die Zweckentfremdung von Organen und Verhaltensweisen regelmäßig vorkommt und damit sanktioniert wird, kann dem Menschen solche Zweckentfremdung, auch wenn sie in typisch menschlicher Weise mit technischen Hilfsmitteln betrieben wird, nicht prinzipiell verboten sein. Sie sollte ihm sogar mit dem Urgebot »Macht euch die Erde untertan!« vorgeschrieben sein. Freilich ist damit nicht jede beliebige Form der Zweckentfremdung gerechtfertigt. Wieder entscheidet das angestrebte Ziel, die Absicht über Gut und Böse. Daß aber in der Folge einer veränderten Partnerauffassung in der Ehe und in weiteren sozialen Einheiten eine freiere Verwendung selbst sexueller Signale und Verhaltensweisen grundsätzlich falsch oder unnatürlich sei, darf man nicht behaupten. Nur der, der historische Entwicklungen nicht versteht, kann darauf bestehen, daß früher gültige anderslautende Normen immer gültig bleiben müßten, oder kann schließen, daß umgekehrt ein solches freieres Verhalten auch früher schon richtig gewesen wäre. Solange beispielsweise die Frau als Sklavin und nicht als Partnerin des Mannes galt, hätte jede Loslösung des Sexualverhaltens von der Zeugungsfunktion nur dem Egoismus des Mannes gedient; und das gilt heute noch für jeden, der die Frau nicht oder noch nicht als Partnerin sieht. Wo aber echte Partnerschaft gesucht wird, bieten die auf biologisch vorgegebenen Wegen vorwiegend aus dem Brutpflege- und dem Paarungsfunktionskreis abgeleiteten sozial bindenden Signale und Verhaltensweisen jederzeit großartige Möglichkeiten, Partnerbeziehungen verschiedenster Art auszubauen.

Das Erben erworbener Eigenschaften — Du sollst das Alter ehren

Das Gebot »Ehre deinen Vater und deine Mutter« haben ganz Naive schon aus dem Dekalog streichen wollen, und zwar mit der Begründung, es sei das einzige Gebot, das sich nicht an Erwachsene, sondern an Kinder wende. Andererseits hat man daraus, daß ein Gebot »Liebe deine Kinder« fehlt, schließen wollen, Brutpflege sei im Menschen instinktiv verankert, die Ehrfurcht vor den Eltern aber nicht. Auch hier fehlen den Interpreten, wie wir sehen werden, bestimmte Einsichten in biologische Tatbestände, um die mit diesem Gebot angesprochenen typisch menschlichen Probleme zu verstehen.

Zurückführen läßt sich das auf die irrige Annahme, nur der Mensch habe Tradition. Laut Brockhaus-Lexikon ist Tradition »das Weitergeben von Kenntnissen und Fertigkeiten, des Kulturbesitzes und der Moralanschauung auf die folgenden Generationen durch mündliche oder schriftliche Überlieferung. Bei Naturvölkern ist die Tradition auf unmittelbares Nachahmen und Gedächtnis angewiesen.« Mit mündlicher oder schriftlicher Überlieferung ist wohl die Sprache gemeint; sie ist aber entbehrlich, wie der Hinweis auf unmittelbares Nachahmen zeigt. Und nicht nur bei Naturvölkern; tatsächlich gibt es auch bei uns eine Fülle traditioneller Kleinigkeiten, die man von den Eltern übernimmt, ohne daß man darüber spricht oder überhaupt sprachliche Begriffe dafür hat. Ferner ist das Weitergeben von Kenntnissen und Fertigkeiten auch unter solchen Individuen üblich, die derselben Generation angehören; es soll sogar vorkommen, daß die ältere Generation etwas von der Jugend übernimmt und das dann weitergibt. Da es dafür keine andere Bezeichnung gibt, rechne ich auch das zum Tradieren; Tradition hängt damit nicht an einem Mindest-Altersunterschied der Individuen, zwischen denen sie sich abspielt.

Sobald Lebewesen lernen, ihre Erfahrungen im Gedächtnis speichern und später auswerten können, wird es vorteilhaft, wenn diese erprobten Erfahrungen nicht mit dem Individuum vergehen, sondern sich ansammeln. Der Vorteil ist derselbe wie bei der Ansammlung und Weitergabe von Informationen im Erbgut. Über diese Parallele ist schon viel geschrieben worden [53], und ich brauche sie hier nicht weiter auszuführen. Die Ausbreitungsgeschwindigkeit von Neuigkeiten innerhalb der Population auf dem Wege über Tradition ist aber erheblich größer als auf dem Wege über das Erbgut; eine erbliche Eigentümlichkeit pflanzt sich nicht schneller fort als das ganze Lebewesen, eine tradierte Eigentümlichkeit aber kann – je nach Perfektion der Kommunikationsmittel – vielen bis allen Populationsmitgliedern gleichzeitig übermittelt werden. Bezogen auf Informationsgewinnung und -verarbeitung entsteht in der Tradition ein höchst erfolgreiches Konkurrenzunternehmen zur Vererbung. Im juristischen (nicht im biologisch-genetischen) Sinne des Wortes »erben« schafft Tradition die Möglichkeit zum Erben erworbener Eigenschaften und Fähigkeiten.

Die Erbeigenschaften allerdings bekommt das neue Individuum zwangsläufig mit auf den Lebensweg, es kann ihnen nicht ausweichen. Dem Tradierten aber könnte es ausweichen, indem es einfach nichts lernt. Erbmerkmale breiten sich durch Fortpflanzungsdruck aus, tradierte Merkmale aber nur, wenn ein »Sog« vom Empfänger her besteht, der Neues aufzunehmen trachtet. Diese Gier nach Neuem nennt man Neugier; ohne sie wäre Tradition nicht möglich. Ohne sie wäre aber auch anderes Lernen nicht möglich.

Dennoch gibt es einen Unterschied zwischen Lernen am Erfolg und Lernen von anderen: Im ersten Fall muß das Individuum die Erfahrung selbst am Objekt sammeln, im zweiten übernimmt es fremde Erfahrungen aus einem Informationsspeicher (nämlich dem Gedächtnis eines anderen Individuums). Abgesehen von der immer vorhandenen Irrtumsmöglichkeit wird das am Objekt Gelernte gut auf das Objekt passen, also richtig sein; das Tradierte aber kann falsch sein, es muß nicht unbedingt zum Objekt passen. Sogar völlig unsinnig gewordene Gebräuche können weitertradiert werden. Immer da und nur da, wo Informationen aus einem Speicher (dem Erbgut oder dem Gedächtnis und seinen technischen Ablegern) übernommen werden, können sich historische Reste bilden und zum historischen Ballast ansammeln [68, 69].

Nur an gemeinsamen historischen Resten kann der

Forscher überhaupt erkennen, welche Lebewesen wie nah miteinander verwandt sind; das wäre nicht möglich, falls sie alle ideal auf die heutigen Bedürfnisse zugeschnitten wären. Aus historischen Resten auf gemeinsame Abstammung schließt die Homologieforschung (S. 41); da es historische Reste auch im Tradierten gibt, kann die Homologieforschung auch die Verwandtschaften von Traditionsinhalten untersuchen und wird damit in der Verhaltensforschung zu einem wichtigen Hilfsmittel beim Rekonstruieren des Werdeganges sozialer Normen. Daß Tiere individuell erworbene Kenntnisse und Fertigkeiten tradieren können, ist bekannt. Beispiele dafür sind zunächst viele (aber nicht etwa alle!) Vogelgesänge, die das Junge von den Eltern (meist nur vom Vater) lernt. Vom Menschen aufgezogene Jungvögel lernen oft Volksliedmelodien, die man ihnen immer wieder vorpfeift, und können diese an ihre Jungen weitergeben.

Der europäische Grünfink *(Chloris chloris)* frißt jetzt häufig die Samen des Seidelbastes, der seiner Blüten wegen in England viel als Gartenpflanze gehalten wird. Sobald die Samen reif sind, fallen die Grünfinken in die Sträucher ein und streifen säuberlich alle Samen ab. Es gibt ein beachtliches Beweismaterial dafür, daß diese Freßgewohnheit einmal, und nur ein einziges Mal, vor etwa ein- oder zweihundert Jahren im Pennine-Gebiet in England entstanden ist und sich dann durch Tradition nord- und südwärts ausgebreitet hat, und zwar mit einer Geschwindigkeit von zwei bis vier Kilometern jährlich[63]. An Raben wurde beobachtet, daß einer ein Spiel erfand, das die Mitbewohner derselben Voliere von ihm übernahmen; Raben anderer Volieren zeigten es nie[18]. Also erstreckt sich das Tradierte schon im Tierreich nicht nur auf Fertigkeiten, die für das Überleben unbedingt nötig sind.

Besonders gute Beispiele für »vorkulturelle« Traditionen liefern die Untersuchungen japanischer Forscher am Rotgesichtsmakaken, einem japanischen Verwandten des Rhesusaffen[45, 59]. Im Herbst 1953 wusch das eineinhalbjährige Affenweibchen Imo schmutzige Bataten oder Süßkartoffeln (das sind Wurzelknollen einer Winde) im Wasser eines Baches sauber, ehe es sie fraß. Und das hat die kleine Insel Kôshima südöstlich von Kiushu bei den Verhaltensforschern berühmt gemacht. Einen Monat später nämlich fing einer von Imos Spielgefährten an, ebenfalls Bataten zu waschen. Nach 4 Monaten tat es auch Imos Mutter. Durch den täglichen Kontakt zwischen Müttern und Kindern, Altersgenossen und Spielkameraden breitete sich diese Sitte immer mehr aus; 1957 wuschen 15 der insgesamt 60 Tiere in der Gruppe ihre Bataten. In den folgenden 5 Jahren breitete sich die Erfindung vor allem dadurch weiter aus, daß nunmehr die Mütter ihre nächsten Kinder darin unterwiesen. 1962 konnten es 42 von 59 Tieren. Innerhalb von 10 Jahren wurde das von einem Tier erfundene Batatenwaschen zum üblichen Eßverhalten dieser Affengemeinschaft. Andere Gruppen derselben Affenart haben andere Traditionen: Ein Trupp ißt gern Eier, ein anderer nicht; der vom Atoga-Berg bei Tokio läßt Reis und Sojabohnen achtlos liegen, ein anderer richtet gerade in Reis- und Sojafeldern schweren Schaden an.

Das zur Übernahme solcher Traditionen notwendige Lernvermögen, eine »Begabung«, zeigt zwischen Trupps und zwischen Individuen Unterschiede. Ein Trupp vom Takasaki-Berg lernt sehr langsam, der vom Minu-Berg bei Osaka besonders schnell. 6 der 7 Kinder des Weibchens Nami aus dem Batatenwäscher-Trupp lernten das Batatenwaschen nie und erwiesen sich auch in verschiedenen Tests als minder begabt. Imo hingegen erfand 1956 auch noch das »Goldwäscherverfahren«; statt wie bisher ausgestreute Getreidekörner mühsam einzeln aus dem Sand zu suchen, nahm sie eines Tages das Sand-Getreide-Gemisch in die Hände und warf es ins Wasser, wo der Sand unterging. Obgleich das für alle, die bereits Bataten ins Wasser brachten, gleich naheliegend gewesen wäre, breitete sich diese Sitte auf denselben sozialen Kontaktwegen und wieder ganz langsam aus; 1962 hatten 19 Tiere auch dieses Verfahren übernommen.

Eine solche Erfindung zieht ferner leicht andere nach sich. Zunächst wuschen die Tiere ihre Bataten im Wasser eines Baches, später auch am Meeresstrand, und seit 1962 benutzten sie nur mehr Salzwasser und tauchten auch während des Fressens die angeknabberten Knollen immer wieder ein und würzten so die Speise. Die Getreidewäscher, die oft die Hände voll hatten, lernten, besonders weit und geschickt aufrecht auf den Hinterbeinen zu gehen; auch beim Getreidewaschen stehen sie aufrecht. Im Wasser fanden sie jedoch zunächst bei Ebbe auch anderes Freßbares und sammelten es ein; sie lernten schwimmen und sogar ausgezeichnet tauchen und holten sich diese Nahrung auch bei höherem

Wasserstand. Das Weibchen Eba und ihre Tochter Sango wuschen selbst niemals Getreide, sondern gründeten eine Bande und griffen andere an, sobald die ihre Last ins Wasser geworfen hatten.

Tradiert werden aber nicht nur Rezepte für den Nahrungserwerb, die Feindvermeidung und ähnliches, sondern auch soziale Verhaltensregeln; z. B. ob die Männchen sich auch um die nicht-brünstigen Weibchen kümmern oder nicht, oder ob sich auch die ranghöchsten Männchen als »Babysitter« am Hüten der Jungtiere beteiligen. Meist dürfen rangtiefe Männchen nicht in der Nähe der ranghohen essen, in einer Gruppe aber essen sie regelmäßig mit diesen »am gleichen Tisch«. Normalerweise werden Jungmännchen aus der Nähe der ranghohen Männchen und ihrer Weibchen vertrieben, in einer besonderen Gruppe dürfen sie sich unter die Weibchen mischen. In vielen Gruppen reiten die Männchen den Weibchen nur zur Kopula auf, in einer bestimmten Gruppe aber häufig auch ohne sexuellen Zusammenhang. Also kann schon bei Tieren die Form des Soziallebens weitgehend durch Tradition geregelt sein.

Bei der Ausbreitung einer Erfindung fällt zunächst auf, wie langsam sie vor sich geht; es gibt offenbar kaum einen gezielten Unterricht, obwohl bei manchen Tieren die Mütter durch besondere Verhaltensweisen die Beutefangtechnik und Beuteauswahl so betonen, daß es den Jungen leicht fällt, sich beides anzueignen. Außerdem hat die Ausbreitung Grenzen. Am Ende der ersten 10 Beobachtungsjahre wuschen knapp 80 Prozent der Tiere im zuerst genannten Affentrupp ihre

Bataten. Den Rest bildeten einmal die Kleinkinder, daneben aber auch die alten und ranghohen Männchen. Man sieht also nebeneinander »stock-konservative« alte Tiere, die auf keinen Fall Bataten waschen, und »progressive« Jugendliche, die selbstverständlich Bataten waschen, weil sie es inzwischen von ihren Müttern beigebracht bekamen.

Dieser Unterschied zwischen den Generationen hat einen besonderen biologischen Grund. Es ist nämlich, wo Tradition möglich wird, zweierlei wichtig: neue Erfahrungen zu sammeln und die schon gemachten Erfahrungen zu bewahren. Die Erfahrungen sammeln sich automatisch bei dem an, der sie macht, und er macht sie mit der Zeit. Je älter er also ist, desto erfahrungsreicher wird er sein, desto mehr hat er zu bewahren. Daher bietet sich dort, wo alte und junge Tiere zusammenleben, eine Aufgabenteilung an: Den Älteren wird das Konservieren von Erfahrungen, den »unvoreingenommenen« Jungen das Sammeln von neuen Erfahrungen zufallen. Im Zuge dieser Aufgabenteilung sollte sich also die Jugend auf neugieriges Experimentieren spezialisieren, das Alter dagegen auf das Beharren und Festhalten an der Erfahrung. Deshalb lernt es sich rangaufwärts immer schlechter. Das ist biologisch notwendig, wenn überhaupt in solchen Sozietäten Erfahrungen sowohl gesammelt wie konserviert werden.

Anders wird das erst dann, wenn ein Lebewesen Symbolsprache und Schrift erfindet. Alle tierische Tradition ist »objekt-vermittelt«: Damit ein erfahrenes Tier seine Fertigkeit einem anderen vermitteln kann, müssen Traditionsgeber und Traditionsempfänger zugleich auf das Objekt stoßen, auf das sich die Erfahrung bezieht. Feinde, Nahrungsmittel und deren Behandlung können nur in Anwesenheit dieser Objekte, durch Demonstrationen am Objekt erlernt werden. Fehlt einer Generation von Rotgesichtsmakaken die Süßkartoffel, dann stirbt die Tradition des Batatenwaschens aus. Der Mensch dagegen hat die Möglichkeit, mit Hilfe von Symbolen ein Objekt und sogar die angemessene Art, mit ihm umzugehen, zu beschreiben und diese Beschreibung weiterzugeben. Seine Tradition ist zu großen Teilen symbol-vermittelt, obwohl auch er vieles von anderen einfach abguckt und nachahmt, so daß auch bei ihm objekt-vermittelte Tradition eine wichtige Rolle spielt.

Der Mensch kann sogar als Traditions*geber* durch Schrift oder Tonträger ersetzt werden; aus Lehrmaschinen und Büchern kann man ebensogut wie von Lehrern traditionelles Wissen erwerben. Das entlastet beim Menschen die Älteren von ihrer Rolle, lebende Erfahrungsspeicher zu sein, und erlaubt ihnen, statt dessen Systemforschung zu betreiben, Verknüpfungen zwischen ihren Erfahrungen zu suchen, ihr Wissen auf Korrelationen zu prüfen und Querverbindungen zwischen den Wissensdaten herzustellen, die auf natürliche Gesetzmäßigkeiten hindeuten, die man ohne Abstraktionsvermögen nicht finden kann. Auch das gelingt um so besser, je mehr und vielfältigere Erfahrung der so Forschende hat. Er kann dann herausfinden, daß Traditionen und Verhaltensregeln Anpassungen an zeitabhängige Bedingungen sind; daß also beide je nach

Umständen verschieden, aber nicht beliebig aussehen können und daß sie sich ändern müssen, falls die Umstände oder die Lebewesen sich ändern. So kann man herausfinden, daß von den vorn erwähnten Stämmen australischer Eingeborener (S. 76) jeder an seinem Ort recht hat und sich nur die Regeln nicht auf beliebige andere Bedingungen übertragen lassen. Diese Einsicht sollte es möglich machen, den Gruppenhaß zu überwinden.

Die so auffällige technische Höherentwicklung der Menschen beruht auf solcher Systemforschung, die ihrerseits wieder auf der Verwendung von Symbolen und außerindividuellen Informationsspeichern aufbaut. Dadurch unterscheidet sich menschliche Tradition von allen bisher an Tieren gefundenen Traditionen – mit einer sehr lehrreichen Ausnahme: Bei den Honigbienen können die Sammlerinnen im Stock mit Hilfe besonderer Bewegungsweisen Richtung, Entfernung und Ergiebigkeit einer gefundenen Trachtquelle melden. Sie übermitteln die Erfahrung, die sie gemacht haben, nicht durch das Objekt, sondern durch Symbole. Dieses symbolvermittelte Tradieren von Erfahrungen geht aber nur jeweils einen Schritt weit; noch nie wurde beobachtet, daß eine Biene das, was sie eben von einer Sammlerin erfahren hat, gleich einer anderen weitermeldete. Sie fliegt vielmehr selbst an den angegebenen Ort, sammelt mit der Nahrung selbst ihre Erfahrung und meldet nur diese weiter. Das System ist gegen »Gerüchtebildung« abgesichert. Das scheint sehr zweckmäßig für Lebewesen, die verschiedene Meldungen – etwa wenn mehrere Sammlerinnen von verschiedenen

Orten Erfolg melden – nicht gegeneinander abwägen können. Solange das Individuum nicht entscheiden kann, welche von mehreren angebotenen Traditionssätzen ihm dienlicher sind, ist es besser, ihm den Konflikt zu ersparen. Das geht, indem alle, von denen es lernt, denselben Traditionshintergrund haben und es mit solchen, die andere Traditionen vertreten, möglichst nicht in Kontakt kommt. Deswegen lernen Tiere – oft erstaunlich stur – nur von ihnen bekannten Artgenossen, wobei das Bekanntsein die Garantie für rechte Gruppenzugehörigkeit abgibt.

(Man kann sich das Problem – arg vereinfacht – vielleicht am Beispiel eines deutsch-englischen Fahrschullehrer-Ehepaares vorstellen, das seinem Kind das Autofahren beibringen will. Einer lehrt Rechtsfahren, der andere Linksfahren. Je nachdem, in welchem Land man wohnt, sollte einer der beiden seine Regeln verschweigen, bis der Schüler fähig ist zu erkennen, daß keine der Fahrweisen absolut richtig ist, sondern daß beide ortsgebunden richtig sind und daß er auch nicht etwa beliebig fahren kann, sondern sich je nach Umständen der einen oder anderen Regel bedienen muß.)

Ich habe schon mehrfach erwähnt, daß auch die tradierten Kenntnisse und Fertigkeiten im Dienste der Anpassung an die Umwelt stehen und deshalb für das Überleben der Gruppe eine wichtige Rolle spielen. Von Gruppe zu Gruppe verschiedene Kenntnisse und Fähigkeiten verschaffen jeder Gruppe eine mehr oder minder konkurrenzfreie ökologische Nische, in der sie sich entfalten kann. Deshalb ist es evolutiv vorteilhaft, wenn solche verschiedenen Traditionen säuberlich getrennt bleiben. Das geht, indem die Traditionsempfänger blind gehalten werden für gruppenfremde Traditionen, die Gruppen sich also gegen Traditionszufluß abschirmen. Dem entgegen wirkt nun aber, daß, wo es Einsicht in die Systemzusammenhänge gibt, man sich auch die Kenntnisse anderer Gruppen zunutze machen kann und es dann vorteilhafter ist, viele Fertigkeiten für alle möglichen Umweltbedingungen vorrätig zu haben, sozusagen vom Spezialisten zum Universalspezialisten zu werden. Mit solcher Einsicht begabte Lebewesen werden auch nach den Erfindungen anderer Gruppen streben. Dadurch entsteht eine vorher nicht vorhandene Konkurrenz um Fremdtraditionen, die jede Gruppe zwingt, sich nun sendeseitig – durch Geheimhaltung und anderes, bis hin zum Patentschutz – gegen den Traditionsabfluß abzuschirmen. Hinzu kommt die – als Selektionsprinzip bekannte – Tatsache, daß jeweils diejenige Informationsanhäufung am erfolgreichsten ist, die sich am stärksten vervielfältigt. So wie sich dasjenige Erbgut durchsetzt, das schließlich in den meisten Nachkommen vorhanden ist, so auch die Lehrmeinung, die von den meisten Individuen akzeptiert wird. Da Lehrmeinungen sich nicht durch Zeugung, sondern durch Überzeugung ausbreiten, begünstigt diese »Auslese durch Erfolg« alle Bekehrungsbestrebungen, welche die Anhängerschaft der eigenen Lehrmeinung auf Kosten der einer anderen vermehrt. Dann konkurrieren Lehrmeinungen als Parteien um Mitglieder.

Richtig ist, daß man den daraus erwachsenden Nachteilen für das Zusammenleben der Menschen, Klassen und Völker nur durch Toleranz begegnen kann; diese Toleranz ist teilweise identisch mit dem, was man auch Nächstenliebe nennt. Übersehen wird oft, daß Toleranz wie aktive Nächstenliebe sich nicht automatisch einstellen, sondern einen bewußten Verzicht auf Konkurrenz voraussetzen, eine Einschränkung der Konkurrenz um fremde Ideen ebenso wie um Anhänger der eigenen. Die Mindestforderung ist, die Güte oder Eignung von Ideen, Lehrmeinungen, Kenntnissen, Fertigkeiten usw. sachbezogen festzustellen und nicht einfach an der Zahl der Anhänger zu messen. Auch hier kann ein Vergleich mit dem Tierreich erläutern, was es damit auf sich hat.

Verschiedene Forscher haben, am deutlichsten wieder an Affen, die soziale Rolle der erfahrenen Alten gesehen. Neben den kräftigsten Männchen eines Paviantrupps, die nach Vorrang am Futter und an brünstigen Weibchen in der Rangordnung ganz oben stehen, gibt es auch zuweilen schon fast zahnlose Alte, die gewöhnlich in der Gruppe einfach mitlaufen, niemandem etwas streitig machen, aber auch von den anderen nicht ausgestoßen oder übervorteilt werden; dabei mögen Eigentumszugeständnisse, wie wir sie vorn erörtert haben (S. 141), eine Rolle spielen. Gewöhnlich übernehmen die stärksten Männchen die Führung des Trupps und entscheiden, wohin der ganze Trupp morgens auszieht, um Nahrung zu suchen, und welchen Weg man abends zum Schlafplatz wählt. Begegnet ihnen auf diesem Wege etwas Unerwartetes, das Zweifel auslöst, oder sind etwa durch eine Überschwemmung nach plötzlichen Regenfällen alle den Führern bekannten Wege blockiert, so setzen sie sich einfach nieder und stellen damit gewissermaßen ihr Amt zur Verfügung. Und dann geschieht es immer wieder, daß die Alten vorangehen und, ihre Erfahrungen ausnutzend, einen Ausweg oder Umweg einschlagen, den die anderen noch nicht kannten; der ganze Trupp folgt ihnen dabei wie sonst den Führern [29]. Die erfahrenen Alten werden tatsächlich als »Rat der Weisen« in Reserve gehalten. Das ist – sogar mit dieser funktionellen Begründung – bei vielen Naturvölkern ebenso, bei den Buschleuten [58], den australischen Eingeborenen [12], den Eskimos [16] wie bei den Tibetern, die eigene Gesänge haben, in denen betont wird, die Greise seien wegen ihrer Lebensweisheit und Erfahrung mit Achtung und Ehrfurcht zu behandeln [21]. Entsprechend wird im Gebot des Dekalogs nicht gefordert, die Eltern oder die Alten zu *lieben,* sondern sie zu *ehren;* das Verbum, das dafür im Alten Testament benutzt wird, ist »kabbēd«, das nur im Zusammenhang mit Personen und Dingen vorkommt, die einen sakralen Charakter haben (z. B. Jahwes Engel, der König, Jerusalem, der Tempel, der Sabbat oder der Weise) [19].

Schon die Buschleute unterscheiden sehr fein zwischen »Rang« und »Ansehen«. Der Rang hängt am Amt, das jemand übernimmt; sein Ansehen hängt davon ab, wie er das Amt verwaltet. Wenn Verhaltensforscher von »Rang« und »Rangordnung« sprechen, übersehen sie diesen Unterschied oft. Schon bei verschiedenen Wirbeltieren wie Wildhunden, Elefanten oder Affen ist das Ansehen der einzelnen rollengebunden; der beste

Wächter oder Jäger ist nicht auch der beste Babysitter. Wenn es um Jagdprobleme geht, hat auch bei den Buschleuten der nachweislich erfolgreichste Jäger das größte Ansehen und die entscheidende Stimme; wenn es um andere Dinge geht, kann man seine Meinung sogar geflissentlich übergehen. Doch hängt das Ansehen nicht nur von bestimmten technischen Fähigkeiten ab, sondern auch von der Persönlichkeit und dem Charakter, also davon, wie jemand sich mit seiner Meinung durchzusetzen versucht und den anderen gegenübertritt, auch davon, ob er Humor hat und scherzhaften Spott erträgt[58]. Die Autorität, die ein einzelner in der Gemeinschaft hat, wird bestimmt von der »öffentlichen Meinung«, ist also nicht in erster Linie eine »Amtsautorität«, die er für sich in Anspruch nimmt, sondern eine ihm von den anderen zugestandene Autorität. Der Unterschied ist derselbe wie vorn (S. 141) zwischen beanspruchtem und zugestandenem Eigentum erörtert; soziale Autorität ist eine Art Eigentum.

Zugestandene Autorität wirkt demokratisch, ist aber biologisch sinnvoll nur solange, wie die öffentliche Meinung sich ihre Meinung sachbezogen bildet. Je stärker die funktionstypischen Spezialisierungen in einer Sozietät sind, desto verschiedener muß die Stimme der einzelnen wiegen, wenn es um die Wahl eines Führers für bestimmte Aufgaben geht. Schon im Bienenstaat wird die Entscheidung, wohin ein schwärmendes Volk umsiedelt, nicht von allen Sammelbienen, sondern von »Sachberatern«, den sogenannten Kundschaftern gefällt, von denen jeder alle zur Wahl stehenden Plätze prüft. Die Kehrseite des Problems ist, daß die Stimmberechtigten eine Möglichkeit haben sollten, die Eignung des Führers zu prüfen. Das heißt, die Autorität muß sich legitimieren. Im alltäglichen Bereich ist das auch beim Menschen üblich; eine gute Hebamme kann weit mehr Ansehen genießen als ein ranghöherer, mehrfacher Doktor der Medizin. Und wenn jemand auf der Straße plötzlich sich noch so aufgeregt und laut gebärdete und behauptete, er wisse endlich, wie der Weltfriede zu sichern sei, man solle nur ihm folgen, so wird die Öffentlichkeit doch zunächst darauf bestehen, ihn auf seinen Geisteszustand untersuchen zu lassen. Damit ist überhaupt nichts darüber gesagt, ob er am Ende recht hat, ob seine Behauptungen richtig sind oder nicht. Nur muß eben auch festgestellt werden, ob er zu recht Autorität beansprucht, ob man ihm folgen darf oder nicht. Je mehr Möglichkeit zu Irrtümern (von Böswilligkeit ganz abgesehen) es gibt, desto wichtiger wird es, Autoritäten zu überprüfen. Damit wird es auch unmöglich, daß einer, der es wirklich besser weiß, den die anderen aber nicht anerkennen, sich gegen die anderen durchzusetzen versucht, um sie zu ihrem Glück zu zwingen. Auch Toleranz als Idee kann man nicht durch Intoleranz verbreiten – denn wenn das glückte, hätte ja im Sinne der Auslese die Intoleranz gesiegt.

Diese Erwägungen möchten zeigen, welche Denkwege man beschreiten kann, um zunächst die biologischen Gesetzmäßigkeiten von Sozietäten kennenzulernen, und welche Hilfen man dabei aus Vergleichen mit tierischen Sozietäten haben kann. Das Gebot »Du sollst das Alter ehren« hängt deutlich mit der Traditionsbildung und der Erfahrungs-Ansammlung zusammen; daher wird auch der viel erörterte verheißende Zusatz verständlich, den es nur bei diesem Gebot gibt: »damit es dir wohlergehe und du lange lebest auf Erden«. Das ist die verbale Fassung einer auch in außermenschlichen Sozietäten sichtbaren biologischen Konsequenz. Nicht so bekannt, aber aus biologischen Gründen ebenso wichtig ist die andere Konsequenz, daß sich nämlich die Autorität legitimieren muß und daß man einer Autorität, die das nicht kann oder nicht tut, einfach nicht folgen darf, völlig unabhängig davon, ob sie mit einer Anweisung recht haben mag oder nicht.

Teil 3

Einige biologisch-ethische Folgerungen

Der hier unternommene Versuch, unsere geltenden ethischen Grundforderungen auf biologische Wurzeln zurückzuführen, ist – soweit ich das beurteilen kann – sowohl biologisch wie ethisch legitim. »Zurückführen auf« ist jedoch etwas anderes als »ableiten aus«. Jeder kann sich mit seiner engeren und weiteren Verwandtschaft auf bestimmte Ur-Ahnen zurückführen; er kann aber nicht aus gegebenen Ahnen deren Nachfahren ableiten – sonst könnte er auch seine eigenen Enkel vorhersagen. Man kann eben nur die Vergangenheit rekonstruieren, nicht die Zukunft. Das gilt auch für die vergleichend arbeitende Biologie und die vergleichende Verhaltensforschung, deren Methoden es nicht erlauben, menschliche Eigenschaften aus tierischen abzuleiten, wohl aber, sie auf tierische zurückzuführen und dabei zu erfahren, wie Merkmale und Eigenschaften sich entwickeln oder auch – falls genügend Parallelfälle untersucht wurden – wie sich Merkmale und Eigenschaften bestimmter Kategorien zu entwickeln pflegen. Solche Gesetzmäßigkeiten zu kennen gestattet begrenzte Vorhersagen über mögliche und wahrscheinliche weitere Entwicklungen und gestattet die Ausnutzung dieser Gesetzmäßigkeiten beim Versuch, die Weiterentwicklung zu steuern.

Es gibt immer wieder auch Merkmale und Eigenschaften, die erst auf einer bestimmten Entwicklungsstufe auftreten und sich nicht auf frühere Vorstufen zurückführen lassen, obwohl sie aus früher vorhandenen Bausteinen aufgebaut sind. Jedes Regelsystem besteht aus solchen Bausteinen; dennoch hat der Regelkreis keine Vorstufen: entweder werden Abweichungen zwischen Istwert und Sollwert korrigiert oder nicht. Welche menschlichen Merkmale sich nicht auf außermenschliche Vorstufen zurückverfolgen lassen, kann man nicht durch fromme Wünsche, sondern nur durch genaue Untersuchungen herausbekommen. Uns interessierten hier nur solche Verhaltenseigentümlichkeiten des Menschen, die durch allgemein anerkannte Gebote gefordert (oder verboten) werden und die sich mit entsprechenden Verhaltenseigentümlichkeiten anderer Lebewesen vergleichen lassen.

»Das erste Gebot einer Ethik des Strafrechts besteht darin, daß keine Strafandrohung zulässig ist, die sich nicht in erkennbarer Weise auf die Sicherung des Überlebens bezieht: auf das Fundamentale des biologischen Existierens, auf die dazu notwendigen handgreiflichen Rechtsgüter und den Ausschluß von Gewalt oder gewaltgleicher Hinterlist«, sagte Adolf Arndt im Jahre 1968 in seinem Festvortrag auf dem 47. Deutschen Juristentag. Also ist zumindest der Primat der biologischen Forderung der Arterhaltung auch den Juristen nicht fremd. Wir haben gesehen, daß zu dieser bereits vormenschlichen Forderung als typisch menschliche Forderung und als Kernproblem der hier besprochenen Gebote die Unverletzlichkeit des Individuums hinzukommt. Sie wird problematisch durch die jeweilige Definition des »Mitmenschen« und bleibt selbst innerhalb dieser Definition oft eine Zielnorm, von der abzuweichen die Umstände manchen zwingen. Einige nomadische Völker müssen zuweilen Kinder töten und Alte aussetzen; andere Völker, die dazu nicht gezwungen sind, halten sich deswegen gern für bessere Menschen. (Darauf scheint ein Teil der Abneigung seßhafter Völker gegen Nomaden zurückzugehen.)

Verschiedene Sozialsysteme können nebeneinander bestehen, solange sie voneinander isoliert bleiben. Je mehr die Menschen verschiedener Herkunft und mit verschiedenen Traditionen und Lebensformen zusammenrücken müssen, desto mehr werden die Systeme zwischenmenschlicher Beziehungen vereinheitlicht. Dabei wirkt eine Selektion gegen die unter den obwaltenden Verhältnissen weniger adaptiven Systeme, und die selektionsbegünstigten werden die Anhänger anderer Systeme zu bekehren versuchen. Beachten müßten sie dabei, daß es nicht um den Sieg eines Systems, sondern um bessere Lebensbedingungen für andere Menschen geht. Aber selbst dem, der das im Auge behält, wird wachsende Einsicht in das Funktionsgefüge und die biologischen Grenzen zwischenmenschlichen Verhaltens abverlangt. Denn mit der Fähigkeit, in die Zukunft zu planen und die Zukunft bewußt zu gestalten, kommt dem Menschen die Pflicht dazu. Und das betrifft nicht nur die Erforschung der Lebensformen anderer Völker, sondern auch die des eigenen Volkes. Denn auch eine gut funktionierende Entwicklungshilfe wird den damit Bedachten notwendigerweise jene Probleme bringen, die wir jetzt haben. Die eben begonnene Zukunftsforschung wird sich deshalb mit den systemeigenen Funktionsgesetzlichkeiten und biologischen Gesetzmäßigkeiten menschlicher Sozietäten befassen müssen, wenn sie unerwünschte Nebenwirkungen angestrebter Änderungen vorhersehen und vermeiden helfen will.

Die Indianer im paraguayanischen Teil des Mato Grosso kochen aus den getrockneten Stengeln und Blättern der Pflanze *Stevia rebaudiana* von jeher einen wirksamen Antibaby-Tee. Ihnen – gleich aus welchen Gründen – diese Antikonzeption zu verbieten ist nur denen erlaubt, die überschauen, welche Nebenwirkungen das haben kann; solchen Weisungen zu folgen wäre den Indianern verboten, wenn sie wüßten, daß die Weisung aus Westeuropa stammt, wo nachweislich jedes zweite Baby von seinen Eltern unabsichtlich gezeugt wurde. Autorität beanspruchende Personen und Gruppen müssen sich eben durch Sachkenntnis legitimieren; das unkontrollierbare Fremde soll – biologisch vernünftig – abgelehnt, nicht jedoch verteufelt werden. Nur so läßt sich eine adaptive Vielgestaltigkeit der menschlichen Sozietäten erhalten.

Unbiologisch ist eine Normierung aller Eigenschaften, Werte und Individuen. Die vielberufene Gleichheit aller kann sich vernünftigerweise nur auf etwas allen Menschen Gemeinsames beziehen, vor dem die nachweislich vorhandenen Unterschiede keine Rolle spielen und unerheblich sind. Die Erforschung der natürlichen Variationsbreite menschlicher Veranlagungen und Verhaltensweisen müßte also dazu führen, klarer zu sehen, wo das wesentlich Menschliche liegt. Zum Vergleichen sind Unterschiede nötig, die aber durch Gleichmacherei und allgemeines Nivellieren gerade beseitigt würden. Auch hier kann die biologische Gegebenheit zur Überprüfung unserer Denkansätze anregen; denn wie häufig steckt nicht hinter Verallgemeinerungen von der Art »Biber sind monogam« der typologische Denkfehler, daß alle nicht-monogam lebenden erwachsenen Biber das Ziel verfehlt haben, der Natur nicht gut genug gelungen seien (vgl. S. 63). Tatsächlich gibt es aber in der Natur oft durch besondere Mechanismen aufrechterhaltene Variationsbreiten, die der betreffenden Art ganz bestimmte Vorteile bringen; man sollte also zunächst fragen, ob nicht von der uns beeindruckenden Norm abweichende Individuen der Art irgendwelche Vorteile bringen (so wie ja auch die sterilen, also von der Norm, sich fortzupflanzen, abweichenden Arbeiter- und Soldatenkasten sozialer Insekten der Art deutliche Vorteile bringen).

Der Versuch, Normenprobleme von der Biologie her anzugehen, muß jedoch nicht immer erfolgreich sein; ob er es im gegebenen Fall ist, kann man aber erst entscheiden, wenn man ihn gemacht hat. Die Annahme, Kultur und Tabu würden nichts verbieten, was nicht die Natur oder der Instinkt unverboten ließen, ist sicher falsch, wie man schon am Verbot, andere zu töten, sieht, das ja in Form verschiedenster instinktiver Tötungshemmungen (die sogar auch beim Menschen wahrscheinlich vorhanden sind) weit über den Menschen hinaus verbreitet ist. Das heißt aber noch nicht, daß jedes Tabu sich auf eine instinktive Hemmung zurückführen lassen müßte. Schon mit dem häufigen Tabu, ein gewähltes Totemtier zu essen, wäre das vermutlich schwierig. Ich möchte damit nur klarstellen, daß der hier unternommene Deutungsansatz nicht beansprucht, ein Kolumbus-Ei zu sein; wohl aber meine ich, daß er berechtigt und notwendig ist.

Normen-Entwicklung

Was als Normalverhalten gilt, ist je nach Ort, Zeit und Umständen verschieden. Das sieht man schon daran, was etwa als besonders höflich angesehen wird: Schmatzen und Rülpsen zum Essen sind bei uns verpönt, mancherorts eine höfliche Anerkennung. Wir würden ein Lob an die Hausfrau richten, was aber wieder anderswo nicht angängig ist. Verschieden sind auch die Höflichkeitsformeln unter Hafenarbeitern oder Bankdirektoren. Obgleich die Zehn Gebote mehr sind als Höflichkeitsformeln, zeigen sie doch in ihren Auslegungen ganz ähnliche Unterschiede. Diese aufzuzeigen kann aber zu Mißverständnissen führen. Es ging mir hier nicht um das Normale im Sinne des Häufigsten in einer Normalverteilung, also nicht um die Zahlnorm, sondern eher um die Zielnorm; weniger um die Beschreibung als um die Ausrichtung des Verhaltens. Deswegen sollte man statt »Norm« vielleicht besser »Weisung« sagen, um zu betonen, daß ein Ziel dafür eine Rolle spielt. Dann ist auch vom Wort her schon klar, daß je nach dem Standort des Adressaten die Weisung verschieden sein wird, auch wenn es sich immer um dasselbe Ziel handelt.

Augustinus hat in seiner Exegese des sechsten Tagewerkes so argumentiert: Wenn Gott am siebten Tag ruhte und sah, daß alles gut war, dann war doch alles fertig und sollte so bleiben. Alle weitere Veränderung kann also nur eine Folge der Sünde sein. Auch heute noch gibt es eminente Autoren, welche die – im Grunde gleiche – Befürchtung hegen, mit der entschlossenen Zuwendung zum »Fortschritt« und zu einer »neuen Moral« sei »das trojanische Pferd in der Stadt Gottes«[22]. Für wie wackelig halten diese Herren die Stadt Gottes eigentlich? Erik Erikson hat kürzlich schlicht behauptet, wir könnten uns Geschichte, wie sie bisher war, nicht mehr leisten. Ergeben abwarten, was als Gottes Wille über uns hereinbricht, widerspricht jedenfalls dem Auftrag »Macht euch die Erde untertan«.

Natürlich ändern sich Traditionen sowieso langsam mit der Zeit, aber doch oft ganz deutlich zu langsam. Daß das biologische Gründe hat, wurde vorn (S. 172) erörtert. Sobald aber immer wieder der Zustand eintritt, daß ganze Menschengruppen im alltäglichen Handeln starke Abweichungen von der formulierten Norm dulden, sich aber noch gegen eine Veränderung dieser Normenformulierung wehren, läuft die Evolution den Weisungen davon; und damit verlieren sie ihre weisende Bedeutung. Man darf eben nicht warten, bis sich tradierte Normen »von selbst« ändern, sondern man muß sie aktiv ändern – wozu freilich eine gehörige Portion Einsicht in das Normen- und Verhaltensgefüge nötig ist.

Manche Verhaltensforscher hoffen, mit ihrer Arbeit dazu beizutragen, daß wir diese Einsicht bekommen. Treten dabei naturgesetzlich-biologische Grundlagen menschlichen Verhaltens zutage, so schließen einige Pessimisten daraus, es geschehe eben doch nur das Unabänderliche. Sie hätten recht, wenn man die Hände in den Schoß legen müßte. Sie fürchten vielleicht, die menschliche Freiheit verflüchtige sich zu einer Illusion, wenn auch menschliches Verhalten auf natürlichen Gesetzmäßigkeiten – womöglich sogar solchen der Weiterentwicklung – aufbaut. Dann sollten sie aufhören, ihre Kinder zu erziehen und anderen gute Ratschläge zu erteilen; denn beides setzt ja gesetzmäßige Einwirkungen auf den anderen voraus und ist bereits ein Schritt der Weiterentwicklung. Und wer nicht nur einfach weitergibt, was er selbst erfahren hat, sondern danach strebt, daß seine Kinder es einmal besser haben als er, versucht vernünftigerweise, eine Weiterentwicklung vorauszusehen und das Traditionen- und Normengut entsprechend voranzutreiben. Das wird ziemlich oft Diskrepanzen zur gerade geltenden Tradition und Norm mit sich bringen. Das Unbehagen, das durch diese Diskrepanz verursacht wird, wirkt zwar als Bremse gegen leichtfertiges Verlassen der Norm, darf aber ein solches Handeln gegen die herrschende Norm nicht unmöglich machen. Daß es gegebenenfalls in Kauf genommen werden muß, wird durch die katholische Lehre von der Epikie – die Lehre von der sich auf die Billigkeit berufenden Entscheidung – belegt, daß der Wortlaut eines Gesetzes gemäß dem tieferen Sinn, den der Gesetzgeber hineinlegte, in einem bestimmten Fall

nicht anzuwenden sei. Epikie ist eine sittliche Haltung, die auf das sachlich Geforderte, das Situationsgerechte geht. Daß die katholische Kirche sie zu den christlichen Grundtugenden zählt (wenn sie auch aus mancherlei Gründen nicht gerade Propaganda dafür macht), entspricht wieder ganz den Erkenntnissen und den daraus abzuleitenden Forderungen der Biologen.
Ich hoffe klar gemacht zu haben, daß das etwas ganz anderes ist als die berüchtigte »Situationsethik«, die nach eigenem Belieben angefertigte pseudo-ethische Beschönigung irgendwelcher Handlungen. Denn je mehr Zusammenhänge man zu berücksichtigen hat, desto weniger Spielraum bleibt ja der Willkür.

Ausgewogene Systeme und Optimum-Normen

Versucht man, das System ethischer Bewertungen unseres Verhaltens auf biologische Grundlagen abzubilden, so tritt ein Grundproblem auf, das bisher ungelöst geblieben und schuld an vielen menschlichen Schwierigkeiten ist.
Unser naiver Bewertungsmaßstab »Gut-Böse« ist sozusagen eindimensional und klassifiziert nach den Extremwerten. Je weniger Nächstenliebe, desto böser – je mehr Nächstenliebe, desto besser ist der Mensch; je seltener er gehorcht, desto schlechter – je häufiger er gehorcht, desto besser handelt er; je mehr Lust er anstrebt, desto schlechter – je weniger Lust er anstrebt, desto besser für ihn. Die meisten biologischen Vor-

gänge aber ordnen sich um adaptive Mittelwerte, von denen aus es nach beiden Seiten weniger adaptiv wird. Unsere Körpertemperatur ist nicht um so besser, je höher sie ist; der Sollwert liegt bei 37 °C, und Abweichungen nach oben wie nach unten sind gefährlich. Ähnlich ist es mit anderen physiologischen Größen, aber auch mit der Nahrungsaufnahme (was jeder zugeben wird) und mit der Nachkommenerzeugung (was viele nicht zugeben), mit dem Bedürfnis nach Schlaf und mit dem Bedürfnis, sich anderen über- oder unterzuordnen. Wir brauchen also nicht an den Extremen orientierte, sondern Optimum-orientierte Normen.

Optimum-Kurven, die nach beiden Seiten abfallen, entstehen durch gegeneinander wirkende Prozesse, die in einem ausgewogenen Gleichgewicht miteinander stehen. Psychologen und Psychiater neigen heute zu der Ansicht, daß die sexuelle Selbstbefriedigung Jugendlicher – die früher zu grotesken Gegenmaßnahmen der Erwachsenen führte – ein normales Durchgangsstadium auf dem Wege zur individuellen Reife sei und daß auch hier ein Zuwenig ähnlich bedenklich sei wie ein Zuviel. Ob diese Meinung biologisch richtig ist, mag umstritten sein; sie eignet sich aber als Denkmodell: Wenn der Antrieb zur Selbstbefriedigung zur Selbsterfahrung führt und zur Partnererfahrung befähigt und wenn das Anstoßnehmen der anderen als entgegengerichtete Tendenz die Entwicklung zum schädlichen Ich-bezogenen Extrem verhindert, dann wären selbst groteske Gegenmaßnahmen vertretbar, solange man sicher sein kann, daß sie keinen hundertprozentigen Erfolg haben, ja daß sie den »Istwert«

nicht einmal unter den »Sollwert« drücken. Viele Erziehungsmaßnahmen sind zwar so geartet, daß sie nicht gefährlich perfekt werden können; andere aber können durchaus perfektioniert werden. Und spätestens dann muß man wissen, wie das System, das man regeln will, funktioniert. Die wenigsten der gängigen ethischen Bewertungen scheinen mir den Anforderungen einer Optimum-Orientierung gewachsen zu sein. Solange man die Systemzusammenhänge nicht auch quantitativ beschreiben kann, wird man ferner die Sollwerte nicht errechnen können, sondern ausprobieren müssen. Sicher ist dann zunächst nur, daß man nicht beliebig in derselben Richtung weitermachen kann, auch wenn es zunächst günstig wirkt; denn irgendwann kommt der Optimum-Wert, den man aber erst erkennt, wenn man über ihn hinausgeraten ist. Man kann, wenn man die Lage des Optimums nicht weiß, nicht rechtzeitig aufhören, sondern nur zu früh oder zu spät. »Jetzt sind wir über'n Berg – jetzt geht's bergab«; so schildert der Berliner Volksmund diese Situation sehr anschaulich. Aus Mangel an biologischem (aber auch anderem) Wissen hält sich die Normenfindung immer noch in diesem experimentellen Stadium, das dadurch gekennzeichnet ist, daß korrigierende Maßnahmen das System immer um den vermuteten Sollwert pendeln lassen, der – wie die Ruhelage eines schwingenden Pendels – von verschiedenen Seiten her immer wieder durchlaufen, aber wesentlich kürzer beibehalten wird als die Abweichungen von ihr.

Alle biologischen Systeme sind Gleichgewichts-Systeme, auch die Sozietäten. Und alle Eingriffe des Menschen in solche Systeme, die unerwünschte Folgen zeitigen, haben Gleichgewichte außer acht gelassen. Es ist z. B. nicht wahr, daß *weitreichende Waffen* den Aggressionstrieb des Menschen stärker freisetzen, so daß die vorhandenen Hemm-Mechanismen, die den Menschen vor der Tötung des Artgenossen bewahren, nicht mehr wirken; nicht die Waffentechnik ist schuld daran, sondern die unausgewogene Anwendung der Technik, die nur die Reichweite der Waffen und nicht auch die Reichweite der Vorstellung oder Rückmeldung ihrer Wirkungen vergrößerte (was durchaus möglich wäre). Daß die den Krieg unmittelbar ausführenden Soldaten mehr aus Folgsamkeit gegenüber ihren Autoritäten als aus persönlicher Feindschaft gegen die Feinde kämpfen, wurde von verschiedenen Seiten hervorgehoben; da die den Krieg startenden oder in ihn eingreifenden Politiker gewöhnlich auch keine personale Aggressivität dem Gegner gegenüber haben, scheinen die Ursachen für Kriege – die vielfach als Musterbeispiele menschlicher Aggression hingestellt werden – eher im unausgewogenen Verhältnis von Anführen und Folgen, von Unterordnung unter und Kontrolle über die Autoritäten jeder Sozietät zu liegen. Auch dieses Problem tritt nicht erst mit der Entwicklung moderner Waffen auf; sehr lehrreich, aber in dieser Hinsicht kaum ausgewertet sind die recht eingehenden Schilderungen von Stammeskriegen, ihren Anfängen und Folgen bei Papuas auf Neuguinea [39] und bei Amazonas-Indianern [3], die überraschende Parallelen zeigen, obwohl die Stammessitten sicher weitgehend unabhängig voneinander entwickelt wurden.

Viele Tiere, die in Familien-Sozietäten aufwachsen, genießen bei Streitereien die Hilfe der Anverwandten; Jungtiere sind also nicht nur aus eigener Kraft, sondern auch kraft wirksamer Protektion sozial erfolgreich. Das ist von Gänsen, Kaninchen, Affen und anderen Tieren bekannt. Bereits hier liegt das Problem der tradierten Ranghöhe und damit der nicht an der eigenen Leistung erwachsenen Amtsautorität. Wir wissen bisher nicht, wie diese Tiere ihre Herrscher prüfen und unfähige absetzen. Daß der Mensch dieses Problem immer wieder gestellt bekommt und lösen muß, sollte ihn ermuntern, sich auch dafür biologische Vorbilder anzusehen. Mit der Auswahl der Anführer und der Kontrolle über ihre Amtsführung verquickt ist auch der Zusammenhang zwischen Alter und Rang und der zwischen Alter und Leistungsfähigkeit. Ein auf natürliche biologische Verhältnisse zugeschnittenes Bewertungssystem, das den Rang mit den Dienstjahren steigen läßt, wie das bei Pavianen der Fall ist, muß aus dem Gleichgewicht geraten, wenn die Medizin die Lebenserwartung heraufsetzt und dann nicht auch für die erwartete gesteigerte Leistung garantieren kann, wenn also das Leistungsoptimum vor dem Lebensmaximum liegt. Das betrifft nicht nur die Führer, sondern auch die ihnen Folgenden.

Daß die medizinisch gesteigerte Lebenserwartung und gesenkte Säuglingssterblichkeit vielerlei soziale Nebeneffekte hat, ist inzwischen hinlänglich bekannt – obwohl man durchaus nicht immer weiß, was man gegen unerwünschte Nebeneffekte tun soll. Mediziner, die nur den hippokratischen Eid sehen und alle Methoden der Empfängnisverhütung als im Grunde unmedizinisch (da nicht auf die Erhaltung, sondern auf die Verhinderung von Leben gerichtet) abtun, übersehen, daß die ihrer Behandlung anvertrauten lebenden Systeme Gleichgewichtssysteme sind, in denen man eine Größe nur bis zu bestimmten Grenzen verändern kann, ehe andere Größen in Mitleidenschaft gezogen werden. Es ist unbiologisch (und dem Schöpfer gegenüber unfair), mit Absicht und sogar mit guter Absicht in ein solches System einseitig einzugreifen und alle dann auftretenden störenden Nebeneffekte dem Naturgesetz anzulasten.

Mit dem Anwachsen der Bevölkerungsdichte wächst nicht nur das Problem der Nahrungsbeschaffung (Naivlinge glauben ja, man brauchte nur alle Nahrungsreserven zu erschließen, um die Erde beliebig dicht bevölkern zu können), sondern auch das der Raumaufteilung; da Dichte-Streß schon vor merkbarem Nahrungsmangel wirksam wird, sind Individualabstand, Revierverteidigung und ähnliche Verhaltenseigentümlichkeiten unausweichlich wichtige Forschungsobjekte.

Je mehr Individuen sehr eng miteinander leben, desto anonymer wird ihr Zusammenleben. In kleinen Gruppen lebende Tiere kennen einander individuell; die Tausende von Individuen in Insektenstaaten erkennen einander nur anonym am staatentypischen »Geruchsausweis«. Zur Regelung des Zusammenlebens in Großgruppen werden also in erster Linie anonym wirkende Verhaltensmechanismen dienen, die nicht auf individuellen, sondern auf überindividuellen Verständigungsweisen beruhen. Bei tierischen Sozietäten kann dem die individuelle Partnerbeziehung zum Opfer fallen; beim Menschen sollte sie das nach vorherrschender Meinung möglichst nicht. Die anonym wirkenden Mechanismen etwa der Bindung zwischen Artgenossen sind aber auch bei der individuellen Partnerbindung wirksam. Ich habe darauf hingewiesen, daß »zweckentfremdete« Brutpflege-Verhaltensweisen und -Signale zur Bindung der Geschlechtspartner aneinander dienen (S. 159); sie können aber auch zur anonymen Bindung zwischen einander weitgehend unbekannten Individuen dienen. Das betreffende Verhalten kann dann mit sehr verschiedener Bedeutung geladen sein, je nachdem, ob es zwischen einander bekannten oder unbekannten Individuen auftritt, und es kann in beiden Fällen biologisch vorteilhaft sein. Je häufiger anonyme Kontakte werden, desto mehr muß sich allein dadurch das als normal geltende »öffentliche« Verhalten ändern. Die Anonymität hat aber noch andere Nebenwirkungen. Ein Buschmann, der etwas verbrochen hat, wird aus der Gruppe ausgestoßen und ist dann weitgehend auf sich gestellt, weil in seiner Reichweite jeder davon erfährt und alle ihn kennen. In einer Großstadt wird ein Verbrecher in die anonyme Großgruppe hineingehen, weil er sich da am besten verbergen kann, wo er nicht als Einzelgänger auffällt, ihn aber auch niemand kennt.

Das sind nur Andeutungen für die biologisch-funktionell vorgegebenen Vernetzungen von Auswirkungen und Forderungen. Es ist klar, daß die hier behandelten Gebote Stellen des Soziallebens markieren, die der Regelung bedürfen. Es ist auch klar, daß jede, wie immer geartete Regelung an einer dieser Stellen nicht ohne Auswirkungen auf andere Stellen bleiben wird. Wenn wir also erst einmal wissen, wie die biologischen Grundlagen der einzelnen Gebote aussehen, müssen wir im nächsten Schritt die biologischen Zusammenhänge dieser Grundlagen erforschen. Daß wir mit Eingriffen in das menschliche Sozialleben (einschließlich der Kindererziehung) nicht einfach warten können, bis alle diese Grundlagenforschung geleistet ist, versteht sich von selbst. Die notwendige Folgerung daraus ist aber, daß wir jetzt mit großer Wahrscheinlichkeit höchst verbesserungsbedürftige Methoden anwenden. Das kann niemandem als Schuld angelastet werden, solange er für Verbesserungsvorschläge empfänglich bleibt und selbst zu solchen beiträgt.

Tradition und Gehorsam

Das Problem des Gehorsams wurde in letzter Zeit mehrfach auch experimentell angegangen. Berühmt geworden sind die Milgram-Versuche, ursprünglich in Amerika ausgeführt und neuerdings auch in Deutschland wiederholt (siehe dazu den Bericht von M. Naumann im ›Zeit-Magazin‹ vom 2. Oktober 1970): Ein Psychologe befiehlt harmlosen Bürgern unter dem Vorwand einer Test-Serie, ihnen fremde Menschen mit steigenden Elektroschocks zu bestrafen, je mehr Fehler jene in einer Aufgabenreihe machen; und obwohl auf die gesundheitlichen Gefährdungen und sogar die Todesfolge hingewiesen wird, folgten 62 Prozent der Versuchspersonen den Anweisungen eines Versuchsleiters bis zum Umbringen der ihnen fremden Menschen (die allerdings durch Attrappen ersetzt waren). Das entspricht der Situation Abrahams, der auf Gottes Befehl hin bereit war, seinen Sohn Isaak zu opfern (Gen 22). Und wenn auch heutige Exegeten in dieser Erzählung eine Art Lehrstück Gottes gegen die damals üblichen Menschenopfer erblicken, so bleibt doch die Frage, wieso denn Abraham überhaupt glauben konnte, die Aufforderung zum Mord käme von Gott.

Vermutlich handelt es sich hier um einen noch immer nicht abgeschlossenen Entwicklungsprozeß der Menschheit, der Parallelen zur Entwicklung des Kindes aufweist. Man kann Kindern weder alles, was ihnen ge- und verboten werden muß, sofort einsichtig machen, noch kann man es ihnen überlassen, die entsprechenden Erfahrungen selbst zu sammeln. Auf dem Wege über die Weisungen der Erwachsenen lernt das Kind, was es darf und was nicht; und erst später wird die Vernunft kritisch auf diese vielerlei »Tu das« und »Laß das« angewendet. Wir lernen zunächst rein emotionell, was wir zu tun haben; erst sekundär mischt sich der Verstand ein und sucht nach einer rationalen Begründung. Das kann zu der Erwartung führen, es ließe sich, wenn man eifrig sucht, für alles Überkommene eine rationale Begründung finden, und wo solche Begründung fehlt, liege das an fehlender verständiger Einsicht. Da das Tradieren älter als das verständige Prüfen ist, der erwachende Verstand also das Tradierte schon vorfindet (und das sowohl in der Stammes- wie in der individuellen Entwicklungsgeschichte), kommt es leichter zu Pseudo-Rationalisierungen als zu gezielten Änderungen am Traditionsgut. So kann sogar die Handlungsvorschrift gleichbleiben und die Begründung wechseln: Die Verwendung von Weihrauch (es darf auch ersatzweise anderes Material sein) im feierlichen katholischen Gottesdienst ist mit kultischen Begründungen vorgeschrieben (der Rauch symbolisiere das zu Gott aufsteigende Gebet); bei den Ägyptern und Israeliten war zwar auch schon der Weihrauchaufwand bei kultischen Anlässen am größten, aber aus dem Grunde, weil viel Volk zusammenströmte; denn Weihrauch diente als vorbeugendes Mittel gegen ansteckende Krankheiten in Massenquartieren. Beim Verbrennen des Weihrauchgemischs entwickelt sich nämlich Phenol oder Karbolsäure, und die war das gebräuchlichste Antiseptikum in den Operationsräumen noch in der zweiten Hälfte des 19. Jahrhunderts. Solange man einen solchen Wirkungsmechanismus nicht durchschaut, kann sich zwar die betreffende Erfahrung ansammeln, aber dem nach einer rationalen Begründung Suchenden begegnet auf die Frage »Warum?« nur die Antwort »Weil das schon immer so war!«, und sie kann leicht durch Berufung auf eine höhere Autorität aufgewertet werden: »weil Gott es will«. Dieser Rückgriff oder Kunstgriff auf eine übergeordnete Autorität taucht immer dann auf, wenn der von der Richtigkeit seiner Lehre Durchdrungene wenig überzeugende Gründe dafür nennen kann; entweder weil er sie selbst nicht hat oder weil er dem zu Belehrenden die für solches Überzeugen nötige Einsicht nicht zutraut. Wenn dann die Begründungen für das zu Tradierende selbst Bestandteil der Tradition werden, fühlt sich schließlich der Traditionsempfänger unterschätzt, falls seine Einsicht gewachsen ist, die ihm vorgetragene Lehre dem aber nicht Rechnung trägt. Wenn er dann mißtrauisch wird, kann die belehrende Instanz versuchen, die Berufungsautorität zu erhöhen oder drohender zu gestalten; besser wäre es freilich, die ganze Begründung neu zu durchdenken, obgleich das nach wie vor kindliche Gemüter auf die Idee bringen könnte, die alte Begründung sei nichts wert gewesen und sie seien eigentlich hintergangen worden. Beispiele für solche Verständigungsprobleme bietet die Geschichte aller Arten von Lehrmeinungen; aber nicht nur die Geschichte, auch die Gegenwart: denn da nie alle zu Belehrenden gleiche Vorkenntnisse mitbringen, werden die Begründungen für ein und dieselbe Forderung verschieden aussehen, je nach dem, an wen sie sich richten.

Nun könnte man darauf bauen, daß ja nachweislich das Unpassende auch aus den Traditionen wegselektiert wird. Aber das geht erstens heute zu langsam, weil sich ein spürbarer Fortschritt nicht mehr über mehrere Generationen hinzieht, sondern ein und dieselbe Generation mehrere solcher Fortschritte zu verdauen hat; die Selektion arbeitet in Generationenschritten, und wenn die Evolution schneller läuft, muß das Individuum bewußt prüfen, anstatt – wie es sonst naheliegt – den eigenen früheren Ansichten ihres ehrwürdigen Alters wegen ebenfalls höhere Autorität zuzubilligen, neue Einsichten alten Ansichten unterzuordnen und jede Änderung einer Ansicht als Inkonsequenz verdächtig zu machen. Zweitens kann ja nur ausgelesen werden, was sich auf sein Passen prüfen läßt. Was nicht speziell biologisch oder technisch adaptiv ist, unterliegt nicht der Selektion: wo die Entwicklung rasch vorangeht, teilen die Großeltern den Enkeln vorwiegend Märchen und Sagen mit und kaum noch spezielle eigene Kenntnisse und Fertigkeiten. Das wiederum verführt die jüngere Generation am Ende dazu, *alles* von den Alten mündlich Überlieferte als Märchen aufzufassen.

Das Tradieren als Weitergeben von Erfahrungen begann, wie wir vorn erörtert haben (S. 179), als Beispielgeben und Nachahmen. So lernen auch heute noch Kinder von der Mutter und vom Vater vielerlei; was und wie man ißt, wen man Vater, Tante usw. nennt, übernimmt man unmittelbar und tut es dann wie selbstverständlich genauso. Das Beispielgeben aber ist auf das Vorexerzieren am Objekt mit unmittelbarer Erfolgskontrolle gemünzt und erfordert wohl deswegen viel weniger Begründungen als jede abstrakt vermittelte Tradition. Das hat zur Folge, daß z. B. alles, was ein Kind den Eltern unmittelbar absieht, ohne abstrakte Begründung übernommen werden kann, während schon der Sexualbereich, den die Eltern aus dem Beispielgeben ausklammern, mit abstrakten (sinnigen oder unsinnigen) Begründungen überladen wird. Das Tradieren durch Reden oder Schrift umgeht das Beispielgeben, verlangt daher mehr Begründungen.

Das Weitergeben von Erfahrungen ermöglicht, aus den Fehlern anderer zu lernen; allein durch Schaden klug zu werden und doch konkurrenzfähig zu bleiben, kann sich daneben höchstens jemand leisten, der sein Leben wiederholen könnte. Sich auf die Erfahrungen anderer zu verlassen, nennt man Gehorsam. Da es außerdem das Individuum entlastet, wenn es sich auf andere verlassen kann, ist Gehorsam ursprünglich zur Entlastung des Individuums da, zu seiner Befreiung oder Freistellung für typisch menschliche Lebensinhalte. Dieser Gehorsam, das Sich-auf-einen-anderen-Verlassen setzt aber Vertrauen voraus. Blinder Gehorsam überzieht das Vertrauen, denn es gibt ja erfahrungsgemäß auch falsche Autoritäten; und deshalb ist Mißtrauen eine ebenfalls notwendige Haltung. Aus der ausgewogenen Mischung von Vertrauen und Mißtrauen erwächst als Kompromiß der kritische Gehorsam, den man auch als kritischen Ungehorsam bezeichnen kann. Blinder Ungehorsam und prinzipielles Mißtrauen sind ebenso unbiologisch wie blinder Gehorsam. Niemand vermag wohl zu sagen, ob die Idealvorstellung, die viele erträumen, mit der Biologie des Menschen vereinbar ist: nämlich jedem vertrauen zu können, weil jeder das Gebot der Nächstenliebe befolgt. Sicher aber ist es nicht unbiologisch, danach zu streben.

Liebe deinen Nächsten wie dich selbst

Der Naturwissenschaftler und speziell der Verhaltensforscher wird nicht überrascht, sondern befriedigt sein, wenn sich herausstellt, daß sich die Gebote, die das Verhalten des Menschen leiten wollen, auch biologisch begründen lassen. Und wir sind an verschiedenen Stellen dieser Erörterung schon auf eine wohl für den Menschen typische Forderung gestoßen, die sich ergibt, wenn auf biologischer Grundlage ein mit Geist und Selbstbewußtsein begabtes Lebewesen entsteht. Es ist das immer wieder zitierte, schon der Moseszeit (dem mit Moses begonnenen, und spätestens 450 v. Chr. abgeschlossenen Gesetzesbuch Leviticus) entstammende Gebot »Du sollst deinen Nächsten lieben wie dich selbst« (Lv 19, 18).

Der Mensch darf einen anderen Menschen nicht als Werkzeug, als Mittel zum Zweck benutzen und darf ihn nicht, ohne seine Zustimmung eingeholt zu haben, manipulieren[51]. Heilungs- und Erziehungsmethoden bringen allerdings Mediziner sowie Eltern und Erzieher ständig in Rand- und Ausnahmezonen dieser Forderung; das soll hier nicht erörtert werden. Das Problem liegt immer in der nicht ausreichenden (oft auch nicht ausreichend zu machenden) Informiertheit dessen, auf den die Behandlung zielt. Die Grenzen der erlaubten Behandlung und Beeinflussung oder Manipulation anderer werden nicht durch technische Möglichkeiten, sondern nur durch die Absicht ihrer Anwendung überschritten.

Ich habe schon darauf hingewiesen, daß die Grenzen des im sexuellen Verhalten Erlaubten davon beeinflußt und verschoben werden, wie weit die Frau dem Mann (und genauso, nur bei uns weniger problematisch, der Mann der Frau) als vollwertiger persönlicher Partner gilt. Entsprechend verschieben sich die Grenzen erlaubter Autoritätsausübung mit dem biologischen Heranreifen des zur Partnerschaft zunächst noch nicht fähigen Säuglings zum Erwachsenen. Aber auch Erwachsene müssen mitunter noch zur sozialen Partnerschaft erzogen werden; das heißt, die Methoden der Erziehung und Bestrafung orientieren sich weniger am Alter als an der sozialen Reife des Zöglings. Erziehung und Strafe müssen auf jeden Fall zukunftsbezogen sein und auf die persönliche Entfaltung des anderen zielen. Strafe *nur* zur Resozialisierung ist unsittlich, denn sie zielt auf das möglichst reibungslose Funktionieren der Sozietät, auch wenn diese über das Recht des einzelnen hinweggeht. Bestrafung von Übeltätern *nur* zur Abschreckung ist ebenfalls unsittlich, denn sie macht den Bestraften zum Abschreckungsobjekt.

So scheint mir das Schlagwort von der Partnerschaft eine moderne Übersetzung des alten, aber keineswegs veralteten Begriffes »Nächstenliebe«.

Biologisch vorgegeben ist auch beim Menschen die Aufteilung der Individuen auf verschiedene Gruppen. Sobald ein Lebewesen fähig wird, Individuen zu erkennen und zu unterscheiden, kann das dem Gruppenleben nutzbar gemacht werden und führt dazu, daß es für jeden einzelnen zwei verschiedene Sorten von Artgenossen gibt: die Gruppengenossen und die Fremden (die zwar auch in Gruppen leben, aber eben in anderen Gruppen). Es scheint sogar zur Vermeidung von Konkurrenz vorteilhaft, wenn sich Gruppen spalten und verschieden spezialisieren. Tatsächlich zerfallen selbst weitgehend homogene, vorgegebene Gruppen beim Menschen regelmäßig in wenigstens zwei Parteien, die sich zunächst in der Auslegung gemeinsamer Traditionen unterscheiden[47].

Eine Konsequenz aus dem Leben in geschlossenen Gruppen sind zwei verschiedene, in vielem entgegengesetzte Moralprinzipien: eines für das Verhalten zur eigenen gesellschaftlichen Gruppe, das andere für das Verhalten gegenüber Außenstehenden. Das Gebot der Nächstenliebe wird erst dann problematisch, wenn auch die Außenstehenden und gar die Feinde als »Nächste« aufgefaßt werden sollen. Es gibt dann nämlich notwendig zwei verschiedene Gewissenskomponenten: die gefühlsmäßige Komponente, die über das rechte Verhalten zur biologischen eigenen Gruppe wacht und deren Stimme jeder unmittelbar vernimmt, und die intellektuelle Komponente, die sich meist erst vernehmen läßt, wenn sie gezielt befragt wird. Die italienische Journalistin Oriana Fallaci* flog in einem Sturzbomber der amerikanischen Luftwaffe einen Einsatz in Vietnam

* O. Fallaci (1971): Wir, Engel und Bestien. Ein Bericht. Düsseldorf (Econ).

mit und schreibt darüber: »Das dritte Mal hatte ich mich mit der Sache abgefunden und war nur darauf bedacht, den Augenblick nicht zu verpassen, wenn Andy die Bombe ausklinken würde. Ich habe ihn nicht verpaßt, ich habe alles genau verfolgt. ... Das vierte, fünfte, sechste Mal war ich schon daran gewöhnt. Ich konnte das Schauspiel mit einem gewissen Abstand verfolgen, und das Schauspiel bestand aus kleinen Gestalten, die aus den Bunkern und Sandsackbarrikaden flohen, mit den Armen schlugen, um sich von den Flammen zu befreien; und einer erstickte in den Flammen. Ich müßte lügen, wollte ich behaupten, daß ich dabei Schuld oder Mitleid gefühlt hätte. Ich war viel zu befangen in dem Wunsch, Andy möge tun, was er zu tun verstand, also töten, um nicht getötet zu werden: Ich hatte keine Zeit, über sie zu trauern. Und auch keine Lust. Erst in dreitausend Metern Höhe, als ich wußte, daß ich in Sicherheit war und sah, wie Martell im Sturzflug hinunterging, da spürte ich so etwas wie einen Stich. Aber kaum der Rede wert, schwächer als einen Nadelstich. Und die Nadel war nicht etwa mein Gewissen, sondern ein intellektualistischer Wille zum Gewissen.« Wehe, wenn wir diese intellektuelle Komponente für »nicht der Rede wert« halten und nur aufmerken, wenn das auf gruppen-interne Anständigkeit zugeschnittene, oft auch von Theologen für angeboren gehaltene Gefühlsgewissen anspricht. Diese Form des Gewissens ist auch bei sozial lebenden Wirbeltieren schon angelegt[52] – zumindest in Form des »schlechten Gewissens« –, reicht aber für die Befolgung der Zehn Gebote nicht aus.

Der merkwürdige Zusatz »... wie dich selbst« ist nicht eine vergleichende Floskel, die denjenigen von Nächstenliebe entbindet, der sich schon selbst nicht leiden kann. Vielmehr kennzeichnet dieses »... wie dich selbst« eine charakteristische Eigenheit des Menschen und den biologisch vorgezeichneten Weg zur Verwirklichung der Nächstenliebe:

Zu den typischen Eigenschaften des Menschen, die ihn – soweit wir bisher wissen – vor allen anderen Lebewesen auszeichnen, gehören nicht nur die symbol-vermittelte Tradition und die Schrift (S. 179), sondern auch die Fähigkeit, sich an die Stelle eines anderen zu denken, sich in den anderen hineinzuversetzen. Dadurch wird uns aber nahegelegt, auch zur Nächstenliebe über die Eigenliebe zu gehen. Freilich nicht so, daß man zuerst an sich selbst denkt und dann, falls man noch Zeit und Lust hat, auch an andere; sondern so, daß man sich ständig bemüht, sich in die Rolle jedes anderen hineinzudenken, so als sollte man sie selbst übernehmen.

Hilfreiche Gebote

Allgemein gilt, daß man nichts verbieten soll, was nicht unbedingt verboten werden muß. Es ist aber jedem bekannt, daß acht der zehn Gebote des Dekalogs in Wirklichkeit Verbote sind. Und das ist für die Ausübung der Nächstenliebe zu wenig Hilfestellung. Das zeigte auch eine Umfrage des Instituts für angewandte Sozialwissenschaft (INFAS) aus dem Jahre 1970, in der danach gefragt wurde, welche von zwölf genannten Verhaltensweisen als besonders strafwürdig angesehen werden. Unter der naheliegenden Annahme, daß strafwürdig solches Verhalten ist, das das Zusammenleben der Menschen besonders erschwert, muß das Ergebnis die in der öffentlichen Meinung gültige Bewertung von Verstößen gegen die Nächstenliebe wiedergeben; da die Handlungen vom Untersucher genannt waren, kann man sich allerdings nicht auf die Auswahl, sondern nur auf die relative Bewertung der genannten Handlungen beziehen. Die Liste der Handlungen, nach Strafwürdigkeit geordnet, sieht so aus:

1. Tierquälerei (77 %)
2. Fahren ohne Führerschein (72 %)
3. Rauschgiftgenuß (72 %)
4. Verprügeln der Ehefrau (61 %)

5. Verprügeln der Kinder (60 %)
6. Nächtliche Ruhestörung (42 %)
7. Freie Liebe und Gruppensex (26 %)
8. Prostitution (25 %)
9. Falsch parken (20 %)
10. Demonstrieren (17 %)
11. Kriegsdienst verweigern (13 %)
12. Lange Haare oder Bart tragen (6 %)

Daß Tierquälerei an erster Stelle und deutlich vor dem Verprügeln von Familienmitgliedern rangiert, obwohl Tiere gar nicht zur menschlichen Sozietät gehören, ist ein deutlicher Hinweis darauf, daß sich die meisten der Befragten auf ihr »Gefühlsgewissen« verlassen und sich eher an die Stelle eines Tieres als an die eines – möglicherweise sogar noch als Konkurrent auftretenden – Mitmenschen versetzen. Daraus geht auch hervor, daß die im Tierschutz gepredigte Ehrfurcht vor dem Leben ebenfalls nicht intellektuell verarbeitet wird. Damit sei nichts gegen den Tierschutz gesagt; aber als Mittel zum Zweck der Nächstenliebe scheint er nicht viel zu taugen.

Als Leitfaden fürs moderne soziale Leben taugt ein solches Umfrage-Ergebnis natürlich auch nicht. Mit Recht sind uns Gebote lieber als Verbote, Hinweise nützlicher als Verweise. Kürzlich hat Professor Heinrich Klomps von der Universität Köln einen Katalog derjenigen Eigenschaften zusammengestellt, die anzustreben sind, weil sie sittliche Tüchtigkeit, sittlich-soziale Tauglichkeit kennzeichnen. Er nennt sie »moderne Tugenden«, da das Wort »Tugend« – ehe es rührselig-pathetisch verfärbt wurde – »Tauglichkeit«

meinte. Diese Liste von zwanzig Eigenschaften sei hier als positive Ausdeutung der Zehn Gebote angeführt[27]:

1. Verantwortungsbewußtsein; gekoppelt mit der Bereitschaft, Verantwortung zu übernehmen
2. Toleranz (das ist Wahrheitsliebe und Wahrung der Nächstenliebe)
3. Friedensliebe, Bereitschaft zum Kompromiß und – dann notwendigerweise – auch zum Verzicht
4. Sachlichkeit (rechter Umgang mit Sachen und Sachverhalten als moderne Form der Frömmigkeit
5. Aufgeschlossenheit (das ist Streben nach geistigem Jungbleiben)
6. Vorurteilslosigkeit
7. Ehrfurcht
8. Tapferkeit; d. h. Eintreten für die eigene Überzeugung oder für den Schwächeren, dem Unrecht geschieht, ohne sich von Mächtigeren einschüchtern zu lassen
9. Kollegialität (gute Zusammenarbeit unter Zurückstellung persönlicher Ambitionen und gleichberechtigtes Verantwortlichsein gegenüber einer gemeinsam zu leistenden Aufgabe im Beruf)
10. Geselligkeit (Kultivierung von Freizeit und Kurzweil statt Zeitvertreib, Griesgrämigkeit oder Possenreißertum)
11. Diskretion (kluge Zurückhaltung im Reden und vor der Privatsphäre jedes anderen)
12. Wiedergutmachung (Mitwirken an der Beseitigung von Schuldfolgen)
13. Mitfreude als notwendige Ergänzung des Mitleids
14. Freundlichkeit (= Ansprechbarkeit)

15. Gelassenheit (verstanden als temperamentvolle innere Freiheit gegenüber dem Sog der Realität)
16. Dankbarkeit (als freiwillige personale Antwort auf verpflichtungsfreies Helfen und Geben, wozu auch freies Bitten gehört)
17. Zuverlässigkeit (versachlichte Treue)
18. Selbstbeherrschung
19. Geduld (nach innen verlegte Tapferkeit)
20. Demut (verstanden als wache Dienstbereitschaft).

Positive direkte Hinweise auf manches uns aus Sündenregistern Vertraute (z. B. auf die Sexualität) fehlen, weil es sich hier um die übergeordneten Gesichtspunkte handelt, aus denen sich das, was unser oft einseitig verskrupeltes Gewissen besonders mit Gefühlen belädt und betont, von selbst ergibt. Mir scheint es nützlicher, diese zwanzig Tauglichkeitsmerkmale auswendig zu lernen und sie sich ab und zu ins Gedächtnis zu rufen, als die herkömmliche Liste der Zehn Gebote aufsagen zu können.

Literaturverzeichnis

1 Arendt, H. (1970): Macht und Gewalt. München (R. Piper & Co.)

2 Beitl, R. (1942): Der Kinderbaum. Berlin (G. Grote'sche Verlagsbuchhandlung

3 Biocca, E. (1970): Yanoáma. New York (E. P. Dutton and Co.)

4 Bjerre, J. (1960): Kalahari. Wiesbaden (Brockhaus)

5 Boratov, P. N. (1967): Türkische Volksmärchen. Berlin (Akademie-Verlag)

6 Brown, L. (1970): Eagles. London (A. Barker Ltd.) und New York (Arco Publishing Comp., Inc.)

7 Coccola, R. de, und P. King (1959): Ayorama. Ein Leben mit den Eskimos. Freiburg/München (Verlag Karl Alber)

8 Coulson, J. C. (1966): The influence of the pair-bond and age on the breeding biology of the Kittiwake Gull, Rissa tridactyla. J. anim. Ecol. 35, 269–279

9 Daettwyler, O., und M. Maximoff (1959): Tsiganes. Zürich (Büchergilde Gutenberg)

10 Eibl-Eibesfeldt, I. ([2]1969): Grundriß der vergleichenden Verhaltensforschung. München (R. Piper & Co.)

11 Eibl-Eibesfeldt, I. (1970): Liebe und Haß. München (R. Piper & Co.)

12 Elkin, A. P. (1938, Neudruck 1966): The Australian Aborigines. Sydney/London/Melbourne (Angus and Robertson Ltd.)

13 Espinas, A. (1878): Des Sociétés Animales. Paris (Bailliere)

14 Estes, R. D. (1969): Territorial behavior of the Wildebeest. Z. Tierpsychol. 26, 284–370

15 Frank, F. (1969): APO und Establishment aus biologischer Sicht. Oldenburg/Hamburg (G. Stalling)

16 Freuchen, P. (1961): Book of the Eskimos. Cleveland/New York (The World Publishing Company)

17 Gabus, J. (1957): Völker der Wüste. Olten/Freiburg (Walter)

18 Gwinner, E. (1966): Über einige Bewegungsspiele des Kolkraben. Z. Tierpsychol. 23, 28–36

19 Haag, H. (1964): Der Dekalog. In: Moraltheologie und Bibel (J. Stelzenberger ed.). Paderborn (F. Schöningh), 9–38

20 Heiligenberg W. (1964): Ein Versuch zur ganzheitsbezogenen Analyse des Instinktverhaltens eines Fisches. Z. Tierpsychol. 21, 1–52
21 Hermanns, M. (1959): Die Familie der A Mdo-Tibeter. Freiburg/München (Karl Alber)
22 Hildebrand, D. v. (1968): Das trojanische Pferd in der Stadt Gottes. Regensburg (Josef Habbel)
23 Illies, J. (1970); in: Ch. Meves und J. Illies: Lieben – was ist das? Freiburg/Basel/Wien (Herder)
24 Immelmann, K. (1962): Vergleichende Beobachtungen über das Verhalten domestizierter Zebrafinken in Europa und ihrer wilden Stammform in Australien. Z. Tierzüchtung u. Züchtungbiol. 77, 198–216
25 Jay, P. (1962): Aspects of maternal behavior among langurs. Ann. N. Y. Acad. Sci. 102, 468–476
26 Kainz, F. (1961): Die »Sprache« der Tiere. Tatsachen – Problemschau – Theorie. Stuttgart (Ferdinand Enke)
27 Klomps, H. (1969): Tugenden des modernen Menschen. Augsburg (Winfried-Werk)
28 Kropotkin, P. (1904): Gegenseitige Hilfe in der Entwickelung. Leipzig (Th. Thomas)
29 Kummer, H. (1968): Social organization of Hamadryas Baboons. Basel/New York (S. Karger)
30 Kummer, H., und F. Kurt (1965): A comparison of social behavior in captive and wild hamadryas baboons. In: The baboon in medical research (H. Vagtborg ed.). Univ. Texas Press
31 Lawick-Goodall, J. van (1968): The behaviour of free-living Chimpanzees in the Gombe Stream Reserve. Anim. Beh. Monogr. 1 (3), 161–311
32 Leyhausen, P. (1968): Zur Naturgeschichte der Angst. In: K. Lorenz und P. Leyhausen: Antriebe tierischen und menschlichen Verhaltens. München (R. Piper & Co.)
33 Lilienfeld, P. von (1873): Gedanken über die Socialwissenschaft der Zukunft. I. Teil: Die menschliche Gesellschaft als realer Organismus. Mitau (In Commission bei Georg Reimer, Berlin 1901)
34 Lorenz, K. (1935): Der Kumpan in der Umwelt des Vogels. J. Ornithol. 83, 137–413
35 Lorenz, K. (1954): Moral-analoges Verhalten geselliger Tiere.

Forschung und Wirtschaft 4, 1–23. Nachgedruckt unter gleichem Titel 1956 in Universitas 11/7, 691–704

36 Lorenz, K. (1963): Das sogenannte Böse. Zur Naturgeschichte der Aggression. Wien (Borotha-Schoeler)

37 Lorenz, K. (1965): Evolution and modification of behavior. Chicago/London (Univ. Chicago Press). Deutsche Fassung (»Phylogenetische Anpassung und adaptive Modifikation des Verhaltens«) in Bd. 2 der Gesammelten Abhandlungen: Über tierisches und menschliches Verhalten. München (R. Piper & Co.)

38 Marshall Thomas, E. (1962): Meine Freunde die Buschmänner. Berlin/Frankfurt/Wien (Ullstein)

39 Matthiessen, P. (1962): Das verborgene Tal. München (Droemer Knaur)

40 McDougall, W. (1951): Psychologie. Die Wissenschaft von den Verhaltensweisen. Sammlung Dalp, Bd. 27. München (Leo Lehnen)

41 Meisser, U. M. (1969): Tiersprichwörter und Verhaltensforschung. Studium Generale 22, 861–889

42 Merker, M. (1910): Die Masai. Berlin (D. Reimer). Neudruck 1968, New York/London (Johnson Reprint Comp.)

43 Milgram, S. (1966): Einige Bedingungen von Autoritätsgehorsam und seiner Verweigerung. Z. Exper. angew. Psychol. 13, 433–463

44 Mitscherlich, A. (1968): Bis hierher und nicht weiter. Ist die menschliche Aggression unbefriedbar? München (R. Piper & Co.)

45 Miyadi, D. (1967): Differences in Social Behavior among Japanese Macaque Troops. In: Neue Ergebnisse der Primatologie (D. Starck, R. Schneider, H.-J. Kuhn eds.). Stuttgart (G. Fischer), 228–231

46 Mohl, M. (1965): Einmal Afrika und zurück bitte. Gütersloh (Bertelsmann)

47 Möller, H. (1964/65): Gemeinschaft, Folk Society und das Problem der »kleinen Gemeinde«. Acta Ethnol. Europ. 135 bis 145

48 Oosterwal, G. (1963): Die Papua. Von der Kultur eines Naturvolks. Stuttgart (Kohlhammer)

49 Petrucci, R. (1905): Les origines naturelles de la propriété.

Notes et Memoires, Inst. Solvay, Travaux de l'Inst. Sociol., Fasc. 3. Brüssel (Misch et Thon)
50 Petrucci, R. (1906): Origine polyphylétique, Homotypie et Non-comparabilité directe des sociétés animales. Ebda, Fasc. 7
51 Rahner, K. (1970): Freiheit und Manipulation in Gesellschaft und Kirche. Münchener Akademie-Schriften, Bd. 53. München (Kösel)
52 Rauh, F. (1969): Das sittliche Leben des Menschen im Lichte der vergleichenden Verhaltensforschung. Kevelaer (Butzon & Bercker)
53 Rensch, B. (1970): Homo sapiens. Vom Tier zum Halbgott. Göttingen (Vandenhoeck & Ruprecht)
54 Rowell, T. E., R. A. Hinde und Y. Spencer-Booth (1964): »Aunt«-infant interaction in captive Rhesus Monkeys. Anim. Beh. 12, 219–226
55 Rüppell, G. (1969): Eine »Lüge« als gerichtete Mitteilung beim Eisfuchs (Alopex lagopus L.). Z. Tierpsychol. 26, 371–374
56 Schüller, B. (1965): Wieweit kann die Moraltheologie das Naturrecht entbehren? Lebendiges Zeugnis, H. 1/2, 41–65
57 Seger, I. (1970): Knaurs Buch der modernen Soziologie. München/Zürich (Droemer Knaur)
58 Silberbauer, G. B. (1965): Bushman Survey Report. Mafeking/Südafrika (Bechuanaland Press [PTY] LTD.)
59 Southwick, Ch. H. (1963): Primate social behavior. New York (Van Nostrand Co., Inc.); darin die Artikel von Imanishi, Kawamura, und Itani
60 Storr, A. (1970): Lob der Aggression. Düsseldorf/Wien (Econ Verlag)
61 Süßmilch, J. P. (1741): Die göttliche Ordnung in den Veränderungen des menschlichen Geschlechts, aus der Geburt, Tod, und Fortpflantzung desselben. Berlin (J. C. Spener)
62 Thielcke, G. und H. (1964): Beobachtungen an Amseln (Turdus merula) und Singdrosseln (T. philomelos). Die Vogelwelt 85, 46–53
63 Thorpe, W. H. (1963): Learning and instinct in animals. London (Methuen and Co., Ltd.)
64 Tinbergen, N. (1968): On war and peace in animals and man. Science 160, 1411–1418
65 Urbain, A. (1935): Leçon inaugurale du cours d'éthologie

des animaux sauvages. Arch. Mus. hist. nat., sér. 6, 12, 295 bis 308
66 Waxweiler, E. (1906): Esquisse d'une Sociologie. Notes et Memoires, Inst. Solvay, Travaux de l'Inst. Sociol., Fasc. 2. Brüssel (Misch et Thon)
67 Wendler, G. (1968): Ein Analogmodell der Beinbewegungen eines laufenden Insekts. In: Kybernetik 1968, Beiheft zu »Elektronische Rechenanlagen« 18, 68–74
68 Wickler, W. (1965): Stammesgeschichte und Ritualisierung. Zur Entstehung tierischer und menschlicher Verhaltensmuster. München 1970 (R. Piper & Co.)
69 Wickler, W. (1967): Vergleichende Verhaltensforschung und Phylogenetik. In: Die Evolution der Organismen, Bd. 1, (G. Heberer ed.). Stuttgart (G. Fischer), 420–508
70 Wickler, W. (1967): Socio-sexual signals and their intraspecific imitation among primates. In: Primate Ethology (D. Morris ed.). London (Weidenfeld and Nicolson)
71 Wickler, W. (1969): Sind wir Sünder? Naturgesetze der Ehe. München (Droemer Knaur)
72 Wickler, W. ([5]1970): Das Züchten von Aquarienfischen. Stuttgart (Franckh)
73 Wickler, W. (1970): Soziales Verhalten als ökologische Anpassung. Verh. Zool. Ges., Köln 291–304

Joachim Illies
Zoologie
des Menschen

Entwurf einer Anthropologie. Hrsg. von Johannes Schlemmer nach einer Sendereihe des ›Studio Heidelberg‹ · piperpaperback. 1.–10. Tsd. 227 Seiten. Kartoniert

Aus dem Inhalt:
Wer sind wir? · Die Grenzen zwischen Mensch und Tier · Vom Affen zum Menschen · Anatomie der Seele · Die Sprache – unser Merkmal · Der nackte Affe und die Scham · Zoologie des Sündenfalls · Manipulation des Lebens · Zoologie der menschlichen Zukunft

---

Piper